# A natureza jurídica do Contrato de Investimento

## SUBSÍDIOS PARA UMA CONSTRUÇÃO A PARTIR DA INFLUÊNCIA DO *DIREITO* DO INVESTIMENTO ESTRANGEIRO

# A natureza jurídica do Contrato de Investimento

SUBSÍDIOS PARA UMA CONSTRUÇÃO A PARTIR DA INFLUÊNCIA DO *DIREITO* DO INVESTIMENTO ESTRANGEIRO

**2018**

João Filipe Graça

ALMEDINA

**A NATUREZA JURÍDICA DO CONTRATO DE INVESTIMENTO**
SUBSÍDIOS PARA UMA CONSTRUÇÃO A PARTIR DA INFLUÊNCIA
DO *DIREITO* DO INVESTIMENTO ESTRANGEIRO

AUTOR
João Filipe Graça

EDITOR
EDIÇÕES ALMEDINA, S.A.
Rua Fernandes Tomás, n.ºs 76, 78 e 80
3000-167 Coimbra
Tel.: 239 851 904 · Fax: 239 851 901
www.almedina.net · editora@almedina.net

DESIGN DE CAPA
FBA.

EDITOR
EDIÇÕES ALMEDINA, S.A.

IMPRESSÃO E ACABAMENTO
PENTAEDRO, LDA.
Dezembro, 2018

DEPÓSITO LEGAL
449269/18



ALMEDINA | GRUPOALMEDINA

BIBLIOTECA NACIONAL DE PORTUGAL – CATALOGAÇÃO NA PUBLICAÇÃO

GRAÇA, João Filipe

A natureza jurídica do Contrato de Investimento: subsídios
para uma construção a partir da influência do direito do
investimento estrangeiro. – (SRS)

ISBN 978-972-40-7737-6

CDU 347

*À minha irmã*

# LISTA DE SIGLAS E ABREVIATURAS

AICEP – Agência para o Investimento e Comércio Externo de Portugal
Al. – Alínea
Al's. – Alíneas
API – Agência Portuguesa para o Investimento
Art. – Artigo
Art's. – Artigos
ASEAN – Association of Southeast Asian Nations
BIT – Bilateral Investment Treaty
BIT's – Bilateral Investment Treaty's
C. Civ. – Código Civil
CCP – Código dos Contratos Públicos
CEE – Comunidade Económica Europeia
CI – Contrato de Investimento
CIRDI – Centro Internacional para a Resolução de Diferendos Relativos a Investimentos
CPA – Código do Procedimento Administrativo
CRP – Constituição da República Portuguesa
CSC – Código das Sociedades Comerciais
DL – Decreto-Lei
DR – Decreto Regulamentar
ETIJ – Estatutos do Tribunal Internacional de Justiça
FMI – Fundo Monetário Internacional
ICC – International Chamber of Commerce
ICSID – International Center for Settlement of Investment Disputes

IDE – Investimento Directo Estrangeiro
IE – Investimento Estrangeiro
IE's – Investimentos Estrangeiros
L – Lei
LCIA – London Court of International Arbitration
MAI – Multilateral Investment Agreement
MERCOSUL – Mercado Comum do Sul
MIGA – Multilateral Investment Guarantee Agency
NAFTA – North American Free Trade Agreement
OCDE – Organization for Economic Cooperation and Development
OMC – Organização Mundial do Comércio
PCA – Permanent Court of Arbitration
PGR – Procuradoria-Geral da República
QREN – Quadro de Referência Estratégica Nacional
SACU – Southern African Customs Union
SCC – Stockholm Chamber of Commerce
STA – Supremo Tribunal Administrativo
TC – Tribunal Constitucional
TCAN – Tribunal Central Administrativo do Norte
TCAS – Tribunal Central Administrativo do Sul
TCE – Tratado da Carta da Energia
TCEu – Tratado da Comunidade Europeia
TFUE – Tratado sobre o Funcionamento da União Europeia
TJUE – Tribunal de Justiça da União Europeia
TRIM's – Agreement on Trade-Related Investment Measures
UE – União Europeia
UNCITRAL – United Nations Commission on International Trade Law
UNCTAD – United Nations Conference on Trade and Development
UNIDROIT – International Institute for the Unification of Private Law
WAIPA – World Association of Investment Promotion Agencies

# PREFÁCIO

É com muito prazer que acedi ao amável convite do Dr. João Filipe Graça para escrever algumas linhas a anteceder a Sua obra *A natureza jurídica do Contrato de Investimento: Subsídios para uma construção a partir da influência do direito do investimento estrangeiro*. Permitam-me apenas três breves palavras.

Uma primeira para enaltecer a excelente escolha do tema. Não é de mais realçar sua a importância e a parca abordagem doutrinária sobre o mesmo, esta última manifestamente não proporcional à primeira. A mera existência de dúvidas sobre a natureza jurídica do contrato de investimento demonstra, aliás, cabalmente, a ainda pouca discussão existente e a necessidade de aprofundamento do tema. O esforço que todos os Estados fazem para captar investimento estrangeiro, desde os desenvolvidos aos em desenvolvimento, numa competição a nível mundial, bem como o elevado número de contratos de investimento celebrados em todas as jurisdições e também em Portugal, independentemente do *nomen juris* concreto, demonstra bem a sua relevância e devia merecer uma preocupação maior da Doutrina. O que temos assistido, como bem se nota na obra, é que a abordagem ao tema tem sido fundamentalmente feita apenas no seguimento de resolução de conflitos surgidos em execução de investimento estrangeiro, principalmente de arbitragens ICSID, o que nos parece redutor de uma abordagem de conjunto que o tema merece e que a presente obra tenta, o que se louva.

A minha segunda palavra vai para o conteúdo da Obra. É muito interessante a abordagem multidisciplinar utilizada pelo Autor, que considero ser correta. Este tema implica uma análise por variados prismas, designadamente de Direito Internacional Público (pela sentida necessidade de os Estado regularem entre si a proteção dos investimentos realizados pelos seus nacionais e a salvaguarda da sua soberania, num equilíbrio desejável desta com a atratividade de capitais estrangeiros, quer através de acordos multilaterais – Convenção de Washington e outras – quer através principalmente de acordos bilaterais – BIT), de Direito Internacional Privado (pela necessidade de encontrar a lei aplicável a um determinado contrato quando as suas partes são nacionais de Estados diferentes), de Direito Privado (pela discussão mais alargada sobre a natureza da intervenção dos Estados em contratos, atenta uma discutível presunção de paridade entre cocontratantes) e, finalmente, de Direito Publico (pela consideração dos contratos de investimento como contratos de direito público, atenta a relevância do interesse público sempre presente, com consequências inelutáveis, que é a tese subscrita pelo Autor, a que adiro). Mas, independentemente das várias perspetivas de análise e da adesão a uma delas, a questão que considero mais relevante, é que não pode ser ignorado que o tema exige uma abordagem transversal de todas as áreas de Direito referidas, sendo diminuidor esquecer alguma delas. No meu entender, esta será uma das grandes valências desta obra, pelo evidenciar da necessidade de incluir todas estas diversas abordagens para o encontrar da solução. Um nacional de um Estado tem várias preocupações quando pensa investir num outro Estado, de entre as quais assume especial importância a identificação e mitigação dos riscos do projeto, como a segurança do Estado recetor para o seu investimento, a garantia de não nacionalização ou de adequada e atempada compensação por alterações supervenientes na Ordem Jurídica e uma garantia de resolução de conflitos independente e justa, mesmo contra o Estado recetor. É assim que a possibilidade de contratualizar com o Estado recetor um conjunto de garantias de redução dos custos de contexto, de estabilidade normativa para todo o período de duração do seu investimento e de acesso a uma arbitragem internacional, se afigura de enorme relevância. A isto ainda pode ser interessante também poder negociar um conjunto de apoios fiscais e de financiamento que lhe permitam a opção por um país em detrimento de um outro, obtendo direitos subjetivos que deverão merecer a proteção do Direito e do devir do tempo e das vontades públicas. A regulação de todo este regime, que implica a atribuição de benefícios pelos Estados em necessária contrapartida de investimentos, troca de know-how, capacitação de mão de obra e de uma atuação socialmente responsável, merece ser aprofundado, mesmo para lá do mero estudo da jurisprudência ICSID.

Termino com uma última palavra sobre o seu Autor. Jovem de idade, demonstra já uma grande capacidade de análise e de investigação, num tema difícil e pouco estudado, que lhe permitiu obter com distinção o grau de Mestre na Faculdade de Direito da Universidade de Coimbra. Tem já publicados vários artigos sobre temas de contratação pública, fruto da Sua ligação ao CEDiPRe, em revistas prestigiadas da especialidade, como a *Revista de Contratos Públicos* e a *Revista de Direito Administrativo*, que merecem o respeito da Academia. Também, os primeiros passos que dá enquanto advogado propiciam-lhe a visão prática indispensável da aplicação do Direito. Desta forma, também pela presente obra, é fácil prever um futuro promissor ao Autor.

Por todas estas razões – o tema, a obra e o Autor – não tive dúvidas em promover a presente publicação inserida na Coleção da SRS Advogados.

Lisboa, 15 de novembro de 2018.

José Luís Moreira da Silva
Sócio. Responsável pelo Departamento de Direito Público da SRS Advogados

# APRESENTAÇÃO

O trabalho que agora se apresenta corresponde, na sua essência, à dissertação de mestrado discutida perante o júri presidido pelo Senhor Professor Doutor José Carlos Vieira de Andrade, pela Senhora Professora Doutora Suzana Tavares da Silva, orientadora, e pela Senhora Dra. Marta Vicente, arguente.

Intitulando a presente dissertação de "A natureza jurídica do Contrato de Investimento: Subsídios para uma construção a partir da influência do *direito* do investimento estrangeiro", pretendemos expor as "*forças*" que convergem na construção de um *regime jurídico internacional de IE*, designadamente, através da *arbitragem ICSID*. Com base nesta abordagem, analisamos em que termos é que o *IE*, visto como um impulso para o desenvolvimento económico dos *Estados*, pode, ou não, ser caracterizado como um "brilho sem luz" na realização daquele contexto.

Esta abordagem implica, assim, compreender os desafios que o *regime jurídico do IE* impõe no actual contexto de *destatalização*, ou seja, da existência de *processos liberalizantes* e de *privatizações* de *public utilities*, cujos *regimes jurídicos* implicam *novas soluções jurídicas* (*v.g.*, *actuações multi-níveis*) como *consequência* de um *processo de globalização e europeização jurídica*.

Quanto à conceptualização da *natureza jurídica* do *CI*, abordaremos a dualidade entre (*i*) a mobilização do *direito interno* (público / privado) de um *Host State* para a conformação jurídica de um *contrato* intrinsecamente *internacionalizado no seu conteúdo* e (*ii*) a compreensão da influência do *plano internacional* na aplicação efectiva daquele direito, atribuindo especial destaque à *arbitragem internacional* (*ICISD*) e do seu condicionamento na *prossecução de políticas públicas*.

Por fim, importa referir que a presente publicação não seria possível sem o incentivo promovido pela Sociedade Rebelo de Sousa & Advogados Associados, SP, RL., com particular destaque para o Dr. José Luís Moreira da Silva e Dr. Alexandre Roque.

# Primeira Parte
# O contexto dinâmico do *IE*

A primeira parte do presente estudo visa apurar os contornos do *IE*. É nosso objectivo demonstrar: (*i*) a existência de conflitualidades na construção de um regime jurídico de *IE* no plano internacional; (*ii*) de diferentes influências que são incutidas nos ordenamentos jurídicos nacionais e (*iii*) dos mecanismos mobilizados para a captação e delimitação do *IE*.

## 1.1. A autonomização do *IE*

A crescente *autonomização do IE* é uma realidade que tem vindo a ser sedimentada. Por força da emergência de um *novo paradigma internacional* neste domínio é possível afirmar que existem argumentos suficientes para contrariar a *doutrina tradicional*, segundo a qual o *IE* e *Comércio Internacional*, historicamente, se confundem. Como veremos, ambas as realidades manifestam *itinerários*, *características* e *desafios individuais*[1].

A relação entre *IE* e *Comércio Internacional* não significa – não obstante as características de *interdependência* e *complementaridade* que lhes são inerentes[2] – que estejamos na presença de duas realidades que *regulam e disciplinam*

[1] O modelo clássico de *integração económica internacional* considera *substitutiva* a relação entre *Comércio Internacional* e *IE*. Neste sentido, Vandevelde: 2009, 25; Gavin: 2001, 3 e ss e Fontagné: 1999, 1 e ss.

[2] Cf. Comissão Europeia: 2010; Brewer / Yong: 2000, 13; Smeets: 2000, 13 e Organisation Mondiale du Commerce: 1997, 25.

*questões idênticas*. De facto, estes dois fenómenos têm sido submetidos a profundas *transformações* e *cisões*, principalmente após a *Segunda Guerra Mundial*[3].

Assim, o *Comércio Internacional*[4], também designado por alguns como *Direito dos Negócios Internacionais*[5], surge, normalmente, definido como um "conjunto de regras que regem as relações comerciais de natureza privada que envolvem diferentes países"[6]. Não é despicienda, assim, a sua relação com o *Direito Internacional Privado*[7], ou seja, o "ramo da ciência jurídica onde se definem os princípios, se formulam os critérios, se estabelecem as normas a que deve obedecer a pesquisa de soluções adequadas para os problemas emergentes das relações privadas de carácter internacional"[8]. Na verdade, e segundo HELENA BRITO, "o Direito do Comércio Internacional utilizava técnicas limitadas, que, eram, afinal, e de um modo geral, as técnicas próprias do Direito Internacional Privado"[9].

Com a *Segunda Guerra Mundial* o *Comércio Internacional* demarca-se das questões relacionadas com o *IE*. Uma das suas *finalidades* será o *tratamento uniforme*, designadamente, de *contratos internacionais*, como a *compra e venda internacional de mercadorias*; *seguros*; *transporte internacional de mercadorias*; *arbitragem comercial*; *propriedade industrial* e *direitos de autor*[10]. Parte deste movimento será impulsionado por *mecanismos e instituições internacionais*

[3] Cf. STEPHAN SCHILL: 2011a, 1e *Idem*: 2011b, 904.

[4] Para Lima Pinheiro, a expressão "comércio internacional" pode ser utilizada para diferenciar *relações microeconómicas*, que se traduzem nas relações entre operadores económicos que entram em contacto com a vida económica com mais do que um Estado, das *relações macroeconómicas*, que se traduzem no conjunto das transacções económicas realizadas entre Estados, sendo que, neste sentido, a expressão "comércio internacional" significa, para o autor, o mesmo que *Direito Internacional Económico*, sendo tradicionalmente entendido como o conjunto de regras e princípios de *Direito Internacional Público*. Cf. LIMA PINHEIRO: 2005a, 15 e 16.

[5] Cf. ROZAS / GRACÍA / ASENSIO: 2011, 48.

[6] Cf. UNITED NATIONS: 1966.

[7] Cf. GALVÃO TELLES: 2010, 165 e HELENA BRITO: 2004, 60. Entendendo que o *Direito Comercial Internacional* não deve ser interpretado como uma parte do *Direito Internacional Privado*, mas como uma disciplina jurídica autónoma, que apresenta uma área de sobreposição com o *Direito Internacional Privado*, GALVÃO TELLES: 2010, 165. Expondo a questão, LIMA PINHEIRO: 2005a, 26.

[8] Cf. FERRER CORREIA: 2007, 11.

[9] Cf. HELENA BRITO: 2004, 26.

[10] Cf. HELENA BRITO: 2004, 32 e UNITED NATIONS: 1966.

vocacionadas para a *unificação e harmonização de questões do foro privado (v.g., Leis-uniforme e Leis-modelo)*, destacando-se, sobre esta matéria, a *UNIDROIT* e os seus *princípios relativos aos contratos comerciais internacionais*, bem como a *UNCITRAL*[11].

Relativamente ao *IE* o período *pós-Segunda Guerra Mundial* vai evidenciar a existência de *necessidades específicas* na *reconstrução dos países afectados pela guerra*. Surgem, assim, no *plano internacional*, *novos instrumentos jurídicos* cujo objectivo é a fixação de um *regime jurídico completo, claro e exequível*, captando, deste modo, *investimentos* para o desenvolvimento daqueles países. É assim que, a 25 de Novembro de 1959, surge o primeiro *BIT*, ou seja, "tratados bilaterais concluídos entre Estados com vista a fomentar o investimento estrangeiro entre eles e, por isso, e fundamentalmente a proteger o investidor estrangeiro no Estado de acolhimento"[12].

Os países precursores desta iniciativa – Alemanha e Paquistão – iniciam, deste modo, uma *nova forma de relacionamento internacional*[13]. Este "*regime emergente de investimento global*"[14] determina a substituição dos *Friendship, Commerce and Navigation Treaty's*, ou seja, de antigas formas de relacionamento do séc. XIX, cujo *paradigma* relacionava *investimento* com *comércio (v.g., navegação em águas interiores)*, e não questões inerentes ao *IE* em *sentido estrito*[15]. No entanto, cumpre referir que esta *primeira geração de BIT's* é caracterizada pela *generalidade do seu âmbito de aplicação* e delegatária da sua *interpretação* na *arbitragem internacional*[16] – *ICC*, na *SCC*, na *LCIA* ou na *PCA* – determinando a existência de uma nova abordagem, um *novo consenso internacional*[17] nas questões inerentes ao *IE*[18].

Esta nova abordagem vai ser reflexo da *estrutura* e *conteúdo* dos *BIT's* cujas principais *questões* se concentram *(i)* em definições e âmbito de aplicação;

[11] Cf. Rozas / García / Asensio: 2011, 61; Dário Moura Vicente: 2007/2008, 172 e Lima Pinheiro: 2005b, 399.

[12] Cf. Fausto De Quadros: 1998, 48.

[13] Cf. Stephan Schill: 2011b, 884 e 885.

[14] Cf. Salacuse: 2010, 436.

[15] Cf. Vieira de Andrade / Figueiredo Marcos: 2013, 201 e 202; Vandevelde: 2009, 4; Stephan Schill: 2009, 29; Salacuse / Sullivan: 2009, 115 e Dolzer / Stevens: 1995, 10.

[16] Cf. Alschner: 2013, 8 e Stephan Schill: 2008a, 19.

[17] Cf. Salacuse / Sullivan: 2009, 112.

[18] Cf. Vandevelde: 2009, 14.

*(ii)* promoção e condições para a entrada de investimentos e investidores estrangeiros; *(iii)* normas gerais para o tratamento dos investimentos e investidores estrangeiros; *(iv)* transferências monetárias; *(v)* expropriações; *(vi)* condições operacionais; *(vii)* perdas em conflitos armados ou desordem interna; *(viii)* modificações e *(ix)* resolução de litígios[19].

As décadas de 60 e 70 vão acentuar a divergência de âmbito das questões entre *IE* e *Comércio Internacional*[20]. Assim, a tentativa por parte dos *países em desenvolvimento* de instaurar uma *Nova Ordem Económica Internacional* – expectante na diminuição das disparidades de poderes nas relações económicas entre *países desenvolvidos* e *países em desenvolvimento*[21], bem como o incentivo à abolição de restrições ao nível do *IDE*, resultantes do *Consenso de Washington* de 1989 – determinam novas preocupações ao nível do *IE*.

Todavia, o movimento de *nacionalizações* de *empresas transnacionais* nos *Host States*, com especial incidência nos *países latino americanos*, assim como nos *países soviéticos*, irá demonstrar a existência de *diferentes ideologias*, com especial destaque para a *doutrina Calvo*[22], sobre a *conveniência e o âmbito das garantias conferidas ao IE*[23].

Como resultado, as principais questões relacionadas com o *IE* deslocam-se para o *exercício de poderes públicos*, mais concretamente para a *limitação* e *responsabilização* de questões relacionadas com a adopção de *actos unilaterais* praticados pelos *Host States* nos *domínios económicos*[24]. Neste sentido,

[19] Cf. SALACUSE: 2010, 432; SORNARAJAH: 2010, 180; SALACUSE / SULLIVAN: 2009, 123 e DOLZER / STEVENS: 1995, 19 e ss.

[20] Salientando uma alteração do paradigma internacional inerente à recepção do *IE* neste período, COSTA NEVES: 2001, 11.

[21] Cf. JÓNATAS MACHADO: 2006, 508 e 509 e BROWNLIE: 2003, 517.

[22] A *doutrina CALVO* salienta a necessidade de se proceder a uma *igualdade de tratamento* entre *estrangeiros e nacionais*. Como consequência, os *Estados* não devem ser julgados por outros tribunais que não os seus, existindo a necessidade de ser aplicada a lei nacional, relativamente aos estrangeiros, em circunstâncias idênticas às que o *Estado* mobiliza na *resolução de litígios* que derivam da celebração de contratos com os seus próprios nacionais. Neste sentido, VIEIRA DE ANDRADE / FIGUEIREDO MARCOS: 2013, 201, nota 232; TIAGO DUARTE: 2008, 771 e LOWENFELD: 2008, 570.

[23] Cf. STEPHAN SCHILL: 2011a, 5.

[24] Cf. ANTHEA ROBERTS: 2013, 38; STEPHAN SCHILL: 2011a, 16; *Idem*: 2011c, 1085; *Idem*: 2008a, 1; SORNARAJAH: 2010, 294 e GUS VAN HARTEN / MARTIN LOUGHLIN: 2006, 123.

assume especial relevância os institutos jurídicos da *modificação* ou *extinção de relações contratuais* por razões de interesse público, assim como uma preocupação acrescida, como veremos *infra*, na aposição de *cláusulas específicas* sobre estas matérias.

É com a década de 90 que se clarifica aquele entendimento. A causa centra-se na celebração exponencial de *BIT's* – o "*salto quântico*"[25] – que implicará a convocação da arbitragem *ICSID* como *principal meio de protecção dos investidores e da resolução de litígios*[26]. Como consequência, o âmbito do *IE* evolui do mero plano das *relações inter-estaduais*, ou seja, a *diplomacia*, para afirmar a emancipação de *novos sujeitos de poder* (*v.g.*, *empresas transnacionais*)[27], possuidores de verdadeiros *direitos de acção* no plano da *arbitragem internacional* do *IE*[28].

É assim que o *paradigma tradicional* da arbitragem no *IE*, ou seja, a necessidade prévia de *esgotar os meios jurisdicionais internos*[29], caduca. A existência de um "*private right of action*"[30], ou seja, de um verdadeiro "direito potestativo que assiste ao investidor estrangeiro de desencadear a arbitragem contra o Estado receptor do investimento"[31], ainda que em determinadas circunstâncias, permite a evolução de um *novo paradigma* no *IE* cujo âmbito resulta de um controlo internacional (despolitizado) da conduta dos *Estados*. Este entendimento será interpretado na doutrina como uma nova forma de *governação global*[32], que privilegia o recurso a *standards de protecção* e que afecta não só *políticas internas*[33], mas também o *exercício de poderes públicos de autoridade* entre *Host States* e *investidores*.

[25] A expressão é de WONG: 2006, 143.

[26] Cf. HALABI: 2011, 263; GUS VAN HARTEN: 2010, 20; *Idem*: 2005, 608; SORNARAJAH: 2010, 172; VANDEVELDE: 2009, 3 e DOLZER / STEVENS: 1995, 5.

[27] Cf. JÓNATAS MACHADO: 2006, 283 e 284.

[28] Neste sentido, STEPHAN SCHILL: 2011a, 2; *Idem*: 2008a, 19; VANDEVELDE: 2009, 17 e GUS VAN HARTEN / MARTIN LOUGHLIN: 2006, 122.

[29] Criticando este facto, MARTIN HARTEN: 2010, 34 e *Idem*: 2005, 613.

[30] A expressão é de STEPHAN SCHILL: 2011c, 1088.

[31] Cf. DÁRIO MOURA VICENTE: 2011, 763.

[32] Segundo Suzana Tavares da Silva, o *direito do investimento estrangeiro directo* emerge como um *ramo de direito especial* dentro do *direito global ou transnacional*. Cf. SUZANA TAVARES DA SILVA: 2013, 119, nota 7.

[33] Cf. ANTHEA ROBERTS: 2013, 38; STEPHAN SCHILL: 2011b, 897 e 898 e GUS VAN HARTEN / MARTIN LOUGHLIN: 2006, 148.

Este *novo paradigma*, segundo STEPHAN SCHILL, GUS VAN HARTEN, MARTIN LOUGHLIN e até mesmo entre autores nacionais[34], implica a necessidade de uma clarificação entre a *arbitragem do investimento* e a *arbitragem comercial internacional* em *função do seu âmbito*[35]. Todavia, os autores que perfilham uma *autonomização do IE* por via da *arbitragem do investimento* não afastam a existência de dificuldades, designadamente, (*i*) a *fragmentação / dissonância* das decisões arbitrais; (*ii*) o número de *BIT's* e (*iii*) a intersecção de vários campos de análise (*público*, *privado*, *internacional* e *transnacional*)[36].

Porém, também salientam a existência de *elementos agregadores*. De um modo particular é o que faz STEPHAN SCHILL. Partindo do principal instrumento utilizado no domínio do *IE, ou seja*, o *BIT*, o autor entende existir uma *convergência quanto às cláusulas que caracterizam este acordo internacional de investimento*, isto é, do seu *conteúdo*. Designadamente, defende que a *cláusula da nação mais favorecida*[37] permite uma *multilateralização* de todo o *sistema de investimento*, o que permite reduzir a característica da *fragmentação*[38].

Apesar da afirmação de um *novo paradigma* no *IE*, a relação *simbiótica* e *complementar* entre *IE* e *Comércio Internacional* não é negada[39]. No entanto, existem factos que permitem sobrevalorizar o *IE*, designadamente,

[34] Cf. DÁRIO MOURA VICENTE: 2011, 763; BARROCAS: 2010, 725 e TIAGO DUARTE: 2008, 776.

[35] Cf. GUS VAN HARTEN / MARTIN LOUGHLIN: 2006, 123. No mesmo sentido, STEPHAN SCHILL: 2011c, 1084.

[36] Neste sentido, ANTHEA ROBERTS: 2013, 6 e BJORKLUND: 2007, 118.

[37] Segundo CABRAL DE MONCADA, a *cláusula da nação mais favorecida* "obriga um país que obtenha nas suas relações bilaterais com outro qualquer vantagens comerciais a estendê-las imediatamente às respectivas relações com países terceiros, de modo a evitar tratamentos diferenciados que prejudicariam a concorrência pois que gerariam um regime privilegiado no plano das relações comerciais bilaterais dos dois primeiros países signatários". Cf. CABRAL DE MONCADA: 2012b, 41.

[38] Cf. STEPHAN SCHILL: 2011b, 894 e *Idem*: 2008a, 4 e ss.

[39] A *interconectividade* entre *IE* e *Comércio Internacional* é visível no *Acordo sobre as Medidas de Investimento Relacionadas com o Comércio* (*TRIMS*) que visa, fundamentalmente, a proibição de medidas de desempenho, adoptadas em relação a investimentos, sob pena de distorcer o comércio internacional. Neste sentido, SORNARAJAH: 2010, 66 e SALACUSE / SULLIVAN: 2009, 137.

nas questões relacionadas com a *propriedade intelectual*[40], assim como de mecanismos que favorecem a *integração da economia mundial*[41] por via (*i*) da *internacionalização* e *abertura ao exterior das economias*[42] e (*ii*), embora controversa[43], a constituição de *espaços de integração regional* (*v.g.*, *UE*, *MERCOSUL*, *SACU* ou o *NAFTA*)[44].

No *ordenamento jurídico português* também é possível observar factos semelhantes que comprovam a relação invocada. Um dos exemplos possíveis associa-se ao *comércio de vinho do Porto*[45], mais concretamente à celebração do *Tratado de Methuen* em 1703. Doutrinalmente, a celebração deste *tratado* retrata um dos primeiros grandes *IE's* em Portugal[46]. Todavia, também é possível associar o *Tratado de Methuen* às primeiras manifestações de um *controlo externo* sobre Portugal por parte de *investidores estrangeiros*[47].

[40] Assim, MAYER / PFISTER: 2004, 18. Sobre a crescente expansão do *IE* em relação ao *comércio*, DOLZER: 2009, 827; SALACUSE / SULLIVAN: 2009, 113; VITA / LAWLER: 2004, 13; GAVIN: 2001, 5 e SMEETS: 2000, 9.

[41] Neste sentido, BENDE-NABENDE: 2002, 40.

[42] Salientando a necessidade de uma *abertura ao exterior e à internacionalização*, IETTO-GILLIES: 2011, 173; HIRST / THOMPSON: 2011, 28; SABINO CASSESE: 2010, 41; LOPES PORTO: 2009b, 461; WEI DAN: 2006, 17 e 18; TEIXEIRA: 2000, 120; RICHARD FALK: 1999, 55; BRITTAN: 1998, 14; ENES FERREIRA: 1997, 27 e HAHN / GRAMLICH: 1989, 88; EASSON: 2004, 8; GUERRA-BORGES: 2001, 828; MAH / TAMULAITIS: 2000, 122 e 123; BACELAR GOUVEIA: 1993, 274. Para uma análise comparativa sobre a implementação do *IDE* nos *países de leste* após o colapso da *URSS*, ALESSANDRINI: 2000, 12 e ss.

[43] Segundo a doutrina, a *constituição de espaços de integração regional* determina, não raras vezes, a constituição de regras próprias sobre o *IE*, designadamente, nos *acordos de comércio livre*, embora haja o entendimento de que estes acordos não substituam os *BIT's*. Por outro lado, também não é irrelevante a existência de *atitudes discriminatórias face a países terceiros*. Neste sentido. WEI DAN: 2010, 161 e PEDRO CUNHA: 2008, 64 e 65.

[44] Cf. SABINO CASSESE: 2010, 79; PEDRO CUNHA: 2008, 304 e ss; VASCONCELOS: 2002, 146 e ss; AMARAL: 2000, 164 e DURÃO BARROSO: 2000, 137. Salientando uma correlação entre os fluxos de *IDE* e os *espaços de integração regional*, ARNAUD: 1999, 162 e IBRAHIM SHIHATA: 1993, 8.

[45] Para uma análise à organização institucional do vinho do Porto, *V.*, VITAL MOREIRA: 1996, 882 e ss.

[46] Cf. MOREIRA: 1997, 178.

[47] Cf. MATOS: 1973, 86. Sobre as controvérsias em torno do *Tratado de Methuen*, *V.*, CARDOSO: 2003, 15 e ss e MARTINS: 2003, 111 e ss.

## 1.2. Exemplos históricos de limitações e restrições ao *IE*

Os dados da *UNCTAD* defendem que as economias mais promissoras no crescimento de *IDE* são a China, E.U.A., Alemanha, Reino Unido e França. Um dos principais factores que permite alcançar este facto deriva da actual *política de abertura e liberalização dos mercados*[48]. No entanto, este entendimento não retrata fielmente a história do *IE* e a relação estabelecida entre *investidores estrangeiros* e *Host States*. Na verdade, não é irrelevante a existência nos diversos ordenamentos jurídicos de um *direito dos estrangeiros*, ou seja, de um "conjunto de regras *materiais* que reservam para os estrangeiros um tratamento diferente daquele que o direito local confere aos nacionais"[49].

Atendendo ao *ordenamento jurídico norte-americano*, verificamos inúmeras áreas onde os *investidores estrangeiros* sentiram dificuldades para a concretização dos seus investimentos[50]. Desde o *sector bancário (v.g., National Bank Act of 1864)*[51] até à *propriedade latifundiária* e *recursos naturais*[52], era corrente a ideia de que "o solo americano deveria de ser exclusivamente detido e controlado por estes"[53].

É assim que para a *doutrina norte-americana*, designadamente MIRA WILKINS, a história do *IE* nos E.U.A. até ao início da *Primeira Guerra Mundial*

[48] Neste sentido, *V.*, BANCO DE PORTUGAL: 2012, 20; UNCTAD: 2012, 23; CABRAL DE MONCADA: 2007, 92; NOGUEIRA LEITE / MACHADO: 2005, 23; BENDE-NABENDE: 2002, 45; SMEETS: 2000, 11 e IBRAHIM SHIHATA: 1993, 2.

[49] Cf. BAPTISTA MACHADO: 2011, 18.

[50] Foram diversas as *actuações restritivas* nos E.U.A. quanto à *recepção* de *IE*. Assim, o *Communications Satellite Act of 1962* só admitia 20% de propriedade estrangeira no sector das telecomunicações; o *Merchant Marine Act of 1920* determinava a necessidade de a transferência de propriedade de navios norte-americanos para estrangeiros ser aprovada pela secretaria dos transportes. Por outro lado, o *Minerals Land Leasing Act of 1920* determinava a necessidade de a aquisição de direitos de passagem por oleodutos ou mineração de carvão, óleos e outros minerais nos E.U.A. por estrangeiros, estar dependente da existência, ou não, de um direito de reciprocidade por parte do estado estrangeiro. Para uma análise de cada uma destas políticas, *V.*, BREWER / YONG: 2000, 33.

[51] Segundo esta lei, para se ser director de um banco americano era fundamental, para além de nacionalidade americana, residir no estado, território ou distrito segundo o qual o banco efectuava os seus negócios. Neste sentido, CHANG: 2004, 691 e MIRA WILKINS: 1989, 455.

[52] Neste sentido, MIRA WILKINS: 1989, 241.

[53] Cf. CHANG: 2004, 692 e MIRA WILKINS: 1989, 569.

implica a seguinte conclusão: não obstante a existência e a importância do *IE* no domínio ferroviário e no desenvolvimento e exploração de minas, "as leis federais desencorajavam; limitavam ou até mesmo proibiam alguns investimentos estrangeiros"[54]. Actualmente, este entendimento representa um paradigma que não está totalmente afastado naquele ordenamento jurídico dada a existência do *Omnibus Foreign Trade and Competitiveness Act de 1988*[55].

Porém, práticas semelhantes também foram possíveis de verificação, designadamente, na *Finlândia, Reino Unido, França, Alemanha* e *Japão*[56]. Tendo como principal objectivo evitar a *perda do controlo ou influência em sectores estratégicos da economia*[57], designadamente, na *rádio, transportes, petróleo* e *sector bancário,* era comum a existência de *actos discriminatórios* entre *investidores nacionais e estrangeiros,* bem como a adopção de *cláusulas ou políticas de reciprocidade* que atendiam ao "clima" de abertura ao *investimento estrangeiro* entre países[58].

No que diz respeito ao *ordenamento jurídico português,* o paradigma historicamente dominante, segundo César das Neves, demonstra que o "investimento estrangeiro sempre ocupou um lugar mais importante na política que na economia portuguesa, porque o medo da dominação estrangeira foi sempre superior às oportunidades de negócio do país"[59].

No entanto, a existência de *IE's* sempre se verificou[60], embora tenham existido períodos da nossa história que demonstram relutância aos mesmos.

[54] Cf. Mira Wilkins: 1989, 580.

[55] A adopção deste acto permitiu restringir investimentos nos E.U.A. em áreas para além dos sectores regulados por parte do Governo Federal. Na verdade, entende-se que na versão original deste acto, o Presidente dos E.U.A. poderia bloquear *IDE* quando estivessem em causa *razões de segurança nacional,* designadamente, ameaças ao comércio essencial no seu território. Cf. Sornarajah: 2010, 89; Graham / Krugman: 1991, 121e Richardson: 1989, 308.

[56] Analisando comparativamente esta realidade, Chang: 2004, 691 e ss. Sobre a hegemonia do Reino Unido ao nível do *IE,* Gavin: 2001, 3 e Brewer / Yong: 2000, 56.

[57] Cf. Chang: 2004, 701. Salientando limitações do *IE* em sectores estratégicos, Matos: 1973, 49.

[58] Cf. Tolliday: 2006, 3 e Chang: 2004, 691.

[59] Cf. César das Neves: 1999, 299.

[60] Neste sentido, Avelãs Nunes: 2010, 128; César das Neves: 1999, 300; Moreira: 1997, 188 e 189 e Matos: 1973, 205.

Assim, e não obstante a adesão de Portugal a uma *política internacional* de maior abertura no início da década de 60 do século XX – *v.g.*, celebração da *Convenção de Estocolmo*; integração na *OCDE; Banco Mundial* e *FMI* – o período do *Estado Novo* determinou a caracterização de Portugal como "um sistema político-económico introvertido e temeroso das influências inovadoras provenientes do exterior, normalmente encarados como potenciais elementos desagregadores do *status quo*"[61]. Esta realidade, ou seja, um regime jurídico-político "nacionalista, proteccionista e interventor"[62] protagonizou a imposição de uma política de *condicionamento industrial*[63] e de *nacionalização de capitais*.

Com a *Revolução de Abril de 1974* verifica-se, novamente, uma *retracção de IE no ordenamento jurídico português*[64]. Esta realidade surge com o movimento de *nacionalizações* após aquele período[65] – não obstante a inexistência de nacionalizações de empresas ou participações estrangeiras[66] –, assim como a luta política na estabilização do *modelo de constituição económica* adoptado pela constituição de 1976[67]. Anos mais tarde, a abolição do *princípio da irreversibilidade das nacionalizações*, princípio implementado através da *segunda revisão constitucional*, vem permitir um movimento de *reprivatizações*.

Todavia, o quadro jurídico implementado através da *Lei-Quadro das Privatizações* determinará, uma vez mais, limitações do montante das acções

[61] Cf. Simões: 1985, 332.

[62] Cf. César das Neves: 1999, 299.

[63] Esta política foi formalmente instituída através do Decreto n.º 19354, de 14 de Fevereiro de 1931. Segundo este diploma, passam a carecer de *autorização governamental* operações tão diversas como: a instalação de novos estabelecimentos industriais ou a reabertura dos mesmos quando encerrados por período superior a dois anos; a montagem ou substituição de maquinistas, quando se verificasse um aumento da capacidade de produção instalada e a transferência de licenças de exploração a favor de estrangeiros. Cf. Justino Cruz: 1966, 5 e ss.

[64] Cf. Simões: 1985, 336.

[65] Para uma análise deste período *V.*, Santos / Gonçalves / Marques: 2011, 136.

[66] Cf. Acórdão do T.C. n.º 108/88. Disponível em www.tribunalconstitucional.pt. No entanto, cumpre salientar a nacionalização de participações de capital angolano na *Sociedade Portuguesa de Lapidação de Diamantes* através do D.L. n.º 10-C/80, de 18 de Fevereiro.

[67] Sobre o tema, Eduardo Paz Ferreira: 1996, 402 e ss e Jorge Miranda: 1987, 3 e ss.

ou do capital a adquirir por *investidores estrangeiros*[68], incluindo, por vezes, *investidores europeus*[69].

### 1.3. Cooperação *versus* Hegemonia: A tensão dialéctica na construção de um regime jurídico internacional de *IE*

No entender da *doutrina*, o paradigma inerente ao *IE* caracteriza-se pela actual *tentativa de abolição das suas limitações* e *restrições*[70]. Esta conclusão surge reforçada com o "*circunstancialismo económico*" que os *Estados* têm enfrentado nas primeiras décadas do século XXI. Como consequência, o

[68] Referimo-nos ao n.º 3 do art.º 13 da L. n.º 11/90, de 5 de Abril. Sem apelarmos a um carácter exaustivo das limitações referidas, salientamos: o *n.º 1 do art.º 7 do DL n.º 169/93, de 11 de Maio, que aprovou a alienação de 25.000.000 de acções detidas pelo Estado, representativas de 25% do capital social do Banco Português do Atlântico S.A*; a *al. d) do n.º 1 do art.º 6 do DL n.º 352/88, de 6 Outubro, que procedeu à alteração da natureza jurídica do Banco Totta & Açores E.P.*, convertendo-o de pessoa colectiva de direito público em pessoa colectiva de direito privado, com o estatuto de sociedade anónima de capitais maioritariamente públicos; *a al. d) do n.º 1 do art.º 6 do DL n.º 353/88, de 6 de Outubro, que procedeu à alteração da natureza jurídica da UNICER – União Cervejeira, E.P.*, convertendo-a de pessoa colectiva de direito público em pessoa colectiva de direito privado, com o estatuto de sociedade anónima de capitais maioritariamente públicos; a *al. d) do n.º 1 do art.º 6 do DL n.º 108/89, de 13 de Abril, que procedeu à alteração da natureza jurídica da Tranquilidade Seguros, E.P.*, convertendo-a de pessoa colectiva de direito público em pessoa colectiva de direito privado, com o estatuto de sociedade anónima de capitais maioritariamente públicos; *a al. b) do n.º 1 do art. 8 do DL n.º 260/90, de 17 de Agosto, que procedeu à alienação de 51% do capital da Companhia Seguros Tranquilidade e a alínea b) do n.º 1 do art.º 8 do DL n.º 348/90, de 5 de Novembro, que procedeu à alienação de 51% do capital da Aliança Seguradora.*

[69] Este entendimento foi expressamente afirmado pelo legislador português no preâmbulo do DL n.º 214/86, de 2 de Agosto, ao afirmar a necessidade de derrogar normas legais que estabelecessem limitações ao investimento em Portugal, cuja origem fosse comunitária, quando tais limitações se baseassem, exclusivamente, em razões de nacionalidade. Todavia, nem por isso Portugal deixou de ser condenado no *TJUE*, como comprova o Processo C-367/98, de 4 de Junho de 2002. Todavia, cumpre salientar que esta condenação não ilustrou uma prática exclusiva do ordenamento jurídico português. De facto, países como o Reino Unido (Processo C-98/01, de 13 de Maio de 2003), Bélgica (Processo C-503/99, de 4 de Junho de 2002), França (Processo C-483/99, de 4 de Junho de 2002) e Espanha (Processo C-463/99, de 13 de Maio de 2003) também foram objecto de condenações por parte do *TJUE*. Acórdãos disponíveis em www.eur-lex.europa.eu.

[70] Neste sentido, CHANG: 2004, 706.

*IE* surge como uma salvação possível de recuperação económica[71], embora possa também representar um "brilho sem luz".

É comum, por isso, evidenciar-se os *elementos positivos* que caracterizam o *IE*. Entre estes destacam-se (*i*) transferências de tecnologia, (*ii*) melhoria de acessos aos mercados de exportação, (*iii*) dinamização do emprego local, (*iv*) novas formas de gestão, (*v*) *know how*, (*vi*) introdução de novos produtos e (*vii*) a criação de centros avançados em *I&D*[72].

Todavia, também existem *elementos menos positivos* como (*i*) a irresponsabilidade na exploração de recursos naturais, (*ii*) a desconsideração de necessidades locais; (*iii*) deslocamentos internacionais de produção; (*iv*) a criação de necessidades artificiais e (*v*) a existência de relações intra-grupo em prejuízo de relações económicas com a economia local[73].

### 1.3.1. Os desafios do *IE* para os *Host States*

Os *Host States*, também designados como *capital-importing countries*, podem, teoricamente, adoptar *dois tipos de disciplina jurídica* no que respeita à *recepção* de *IE*.

O primeiro tipo de *disciplina jurídica* será caracterizado pelo carácter de *abertura* ao *IE*. Neste, privilegia-se a *supervisão*, um *controlo meramente estatístico* e *à posteriori* em detrimento de *autorizações* na recepção de *IE*, representando uma perspectiva que surge influenciada quer por parte do *Consenso de Washington*, (em parte apoiada pelo *Consenso de Pequim*), quer por parte das *directrizes do Banco Mundial*[74].

Atendendo ao *ordenamento jurídico português*, verificamos que a existência de *autorizações prévias* de *IE's* estão *completamente afastadas* do nosso ordenamento jurídico. Isto porque nos termos da jurisprudência do *TJUE*, a existência de *autorizações prévias* determinaria um *carácter ilusório* ao *princípio da livre circulação de capitas*[75].

[71] Cf. SALACUSE: 2010, 450. Salientando a inexistência de uma relação directa que comprove uma correlação entre crescimento económico e *IE*, *V.*, GUERRA-BORGES: 2001, 828.

[72] Cf. GÖRG / JABBOUR: 2009, 3; MORAN: 2006, 26; EASSON: 2004, 9; SEID: 2002, 10; SMEETS: 2000, 10 e 11; IBRAHIM SHIHATA: 1993, 11; HIRSCH: 1992, 3 e SIMÕES: 1985, 365.

[73] Cf. MORAN: 2006, 48; UNCTAD: 2004a, 27 e ss; SEID: 2002, 13 e ss e SANTOS: 1985, 741.

[74] *V.*, IBRAHIM SHIHATA: 1993.

[75] Cf. Processo C-367/98, de 4 de Junho de 2002. Disponível em www.eur-lex.europa.eu.

O segundo tipo de *disciplina jurídica* referente à *recepção* de *IE* será caracterizado pelo seu carácter de *controlo*. Neste, verificam-se *práticas restritivas, limitativas ou impeditivas* de *IE* que se traduzem na necessidade *de autorizações, registos prévios e discricionários*, especialmente em *sectores fundamentais da economia*[76]. Um exemplo do paradigma que agora referimos é a China, uma vez que não existe uma "livre entrada de capitais estrangeiros (...) porque os investimentos estrangeiros estão sujeitos à apreciação e autorização pelos órgãos administrativos"[77]. Por outro lado, o *Guiding Directory on Industries Open to Foreign Investment* divide a indústria chinesa em *sectores livres, sectores incentivados, sectores restritos* (acessíveis por via de *joint ventures*) e *sectores proibidos*[78].

Não obstante os dois modelos apresentados, o tema da *recepção* de *IE* implica uma análise, em concreto, sobre o tipo de desenvolvimento dos *Host States*. Isto porque nem todos os *Host States* apresentam o mesmo *nível de desenvolvimento*, verificando-se, aliás, um fluxo de *IE* nos *países em desenvolvimento e economias de transição*[79].

Assim, se o *Host State* for um *país desenvolvido*, a tendência será para a inexistência de *disposições especiais* na recepção de *IE* em *sectores de I&D* (*v.g.*, *indústria aeroespacial* ou *indústria farmacêutica*), embora os *sectores estratégicos* (*v.g.*, *sector das águas*[80], *sector militar* ou o *sector dos resíduos*), caracterizem-se por constituir *sectores restritos* quer para *investidores nacionais*, quer para *investidores estrangeiros*[81].

[76] Cf. HAHN / GRAMLICH: 1989, 63 e 64.

[77] Cf. WEI DAN: 2010, 181.

[78] Neste sentido, WEI DAN: 2010, 182; MORAN: 2006, 47 e LONG: 2005, 319.

[79] Cf. UNCTAD: 2012, 99; EASSON: 2004, 5; SEID: 2002, 99; ALCABAS / BOURCIEU / VALERSTEINAS: 2000, 21 e IBRAHIM SHIHATA: 1993, 2.

[80] Ilustrativo dos problemas que surgem associados à privatização do sector das águas é o caso de países como a Bolívia e a Argentina. Relacionando o problema que deriva da ligação entre *public utilities* e *direitos humanos*, o caso da privatização do sector das águas na Argentina a *investidores estrangeiros* demonstrou os problemas que derivam da existência de graves deficiências na prestação deste serviço (qualidade da água em virtude de um surto de algas e da ausência de pressão do sistema de abastecimento). Ilustrando o problema e os principais desafios da presente situação no domínio específico da arbitragem do investimento, CHOUDHURY: 2008, 799 e ss.

[81] Cf. RICHARDSON: 1989, 305 e ss. Salientando este facto, IBRAHIM SHIHATA: 1993, 203.

No entanto, e como salienta parte da *doutrina alemã*[82], assiste-se, cada vez mais nos *países desenvolvidos*, à emergência de um poder de *redireccionamento* e *limitação* do *IE*[83]. De facto, a existência de *leis de defesa da concorrência*[84], conjugadas com uma forte *regulação económica*[85], permitem antecipar a actuação de movimentos de *IE*, não sendo irrelevante, como salienta a doutrina, a "satisfação" de *lobbies nacionais*[86].

Já os *países em desenvolvimento* e *economias de transição* enfrentam outros problemas. Na verdade, terminada a era do *colonialismo* e do *domínio político*, seria expectável que estes países adquirissem um *direito efectivo* de regulação na entrada de *IE* nos seus territórios em virtude da sua *soberania*[87]. No entanto, a existência de "desigualdades funcionais" impostas pelo *princípio da igualdade* no *plano do Direito Internacional*[88], determinam limitações quer no plano da sua *soberania externa*[89] – através da "adesão" de políticas do *Banco Mundial*, do *FMI* ou da *OCDE*, que privilegiam *liberalizações*, *privatizações*, *fusões* e *aquisições* de *empresas públicas* a *investidores estrangeiros*[90]–, quer de limitações da sua *soberania interna*[91] – *instabilidades políticas*[92], *deficits de transparência*[93] e práticas de *suborno e corrupção*[94].

[82] Cf. STORK: 2010, 260 e ss.

[83] No mesmo sentido, UNCTAD: 2012, 100; SORNARAJAH: 2010, 90; SALACUSE / SULLIVAN: 2009, 134 e IBRAHIM SHIHATA: 1993, 202.

[84] Cf. SORNARAJAH: 2010, 98.

[85] Sobre o problema, PEDRO GONÇALVES: 2013, 254 e 255. Sobre o conceito de *regulação económica*, *V.*, MARTA VICENTE: 2012, 19 e ss; SANTOS / GONÇALVES / MARQUES: 2011, 184 e 185 e D'ALBERTI: 2006, 237 e ss.

[86] No mesmo sentido, SORNARAJAH: 2010, 92.

[87] Salientando este facto, MIRA WILKINS: 1989, 88.

[88] Cf. JÓNATAS MACHADO: 2006, 222 e EDUARDO PAZ FERREIRA: 2004, 159. Salientando a importância do *princípio da igualdade* entre os *Estados* no domínio das relações internacionais, BAPTISTA: 2004, 140 e 141.

[89] Analisando o conceito, JÓNATAS MACHADO: 2006, 183 e GOMES CANOTILHO: 2003, 90.

[90] Cf. SORNARAJAH: 2010, 24 e KAUSHAL: 2009, 507.

[91] Analisando o conceito, JÓNATAS MACHADO: 2006, 183 e GOMES CANOTILHO: 2003, 90.

[92] No mesmo sentido, BENDE-NABENDE: 2002, 45.

[93] Cf. WEI DAN: 2006, 109 e DRABEK / PAYNE: 2001, 7. Embora os regimes democráticos apresentem fluxos de *IE* mais elevados, existem autores que chamam a atenção para o facto de as *empresas transnacionais*, por vezes, preferirem regimes autoritários. Este facto, deriva da possibilidade de serem oferecidos melhores condições de negócios nas suas entradas em virtude da falta de pressão popular ou reivindicações sindicais. Neste sentido, JENSEN: 2008, 79.

[94] No mesmo sentido, MORAN: 2006, 89.

Por outro lado, e não obstante o esforço das *Nações Unidas* em sentido contrário[95], salienta-se a inexistência de uma *correlação positiva* entre riquezas naturais e desenvolvimento económico dos *países em desenvolvimento* e *economias de transição* – "*doença holandesa*"[96]. Como resultado, o argumento da "perda de soberania económica" tem inviabilizado, designadamente por parte de países como Índia, China e Egipto, a adopção de um *regime global de investimento*[97]. Segundo estes países, um regime jurídico com estas características (*i*) seria susceptível de atribuir a investidores estrangeiros poderes excessivos e (*ii*) representaria uma redução da adopção de políticas de investimento ajustadas ao desenvolvimento de cada país[98].

No entanto, entendemos que o argumento da *soberania económica*, que é sobrevalorizado na *Carta dos Direitos e Deveres Económicos dos Estados*, não reflecte os *novos paradigmas internacionais*, designadamente, quanto à necessidade de obter uma *colaboração* e *cooperação* com vista a uma verdadeira *governança económica global* no domínio do *IE*[99].

### 1.3.2. Os desafios para os países exportadores de *IE*

No entender da *doutrina*, "investir no estrangeiro representa uma oportunidade e um risco"[100]. Superado o paradigma da *imposição do uso da força*

[95] Referimo-nos à *Resolução* 1803 (XVII) da Assembleia Geral, de 14 de Dezembro de 1962, sobre a *Soberania Permanente Sobre os Recursos Naturais*. Desta *Resolução* merece destaque o seu ponto 8, segundo o qual: "Os acordos de investimento estrangeiros celebrados livremente por ou entre Estados soberanos deverão ser cumpridos de boa-fé; os Estados e as organizações internacionais deverão respeitar estrita e conscienciosamente a soberania dos povos e das nações sobre as suas riquezas e recursos naturais em conformidade com a Carta e com os princípios consagrados na presente resolução." Salientando a relevância da *Resolução* em apreço no domínio de uma *nova ordem económica internacional*, JÓNATAS MACHADO: 2006, 212.

[96] Referindo esta realidade, SACHS / WARNER: 2001, 828.

[97] Dando conta deste facto, WEI DAN: 2006, 215 e SEID: 2002, 110 e ss. Para uma análise do relatório elaborado em 1991 por iniciativa da França à Comissão de Desenvolvimento do Quadro Legal para o tratamento do *IE* ao nível de um quadro jurídico global e os seus princípios jurídicos essenciais *V.*, IBRAHIM SHIHATA: 1993, 201 e ss.

[98] Cf. SEID: 2002, 101.

[99] Neste sentido, UNCTAD: 2012, 99; JACKSON: 2003, 784 e 785; JAVIER SOLANA: 2001, 27; SMEETS: 2000, 19 e 20; RICHARD FALK: 1999, 32 e ARNAUD: 1999, 162 e ss.

[100] Cf. AGUIAR / GULAMHUSSEN: 2009, 51. Salientando a existência de um *risco político* no *CI*, SUZANA TAVARES DA SILVA: 2013, 142.

*física* – típica da era colonial[101] – como "*modus*" de protecção do *IE*, surge a questão de saber quais as principais preocupações que os *países exportadores de capital* enfrentam.

Assim, entre as principais preocupações daqueles países destacam-se *(i)* a *protecção de IE's dos seus nacionais*, *maxime* de *nacionalizações* e *expropriações*, principalmente nos países latino-americanos[102]; *(ii)* na ampliação do âmbito de protecção de direitos (*v.g.*, propriedade intelectual), e *(iii)* na necessidade de um conjunto de *actos administrativos* (*lato senso*), considerados essenciais para o normal funcionamento de um *IE's* (*v.g.*, licenças de construção, laborais e ambientais)[103].

Os mecanismos que os *países exportadores de capital* têm para alcançar aqueles objectivos são (*i*) a *via multilateral*, (*ii*) a *via regional* e (*iii*) a *via bilateral*. Adoptando a *via multilateral*, a ênfase é colocada na adopção de *princípios de conduta* com *um alcance (tendencialmente) geral* e entre um número considerável de *Estados*. Já a adopção da *via regional* apresenta como principal objectivo evitar distorções na construção de um *mercado comum* ou de *zonas de comércio livre*, (*v.g.*, *União Económica e Monetária do Oeste Africano*, *NAFTA* e a ASEAN)[104] – em termos europeus, como veremos, o *Tratado de Lisboa* também determina a existência de disposições jurídicas nos domínios do *IE*. Quanto à adopção da *via bilateral*, caracteriza-se, no entender da *doutrina*, segundo uma *lógica de reciprocidade*[105] e de salvaguarda de *interesses* do *Estado* "mais forte"[106].

Relativamente à adopção da *via multilateral* – não obstante o seu *relativo insucesso*[107] (*v.g.*, o *MAI*)[108] – cumpre salientar alguns aspectos relevantes

[101] No mesmo sentido, SORNARAJAH: 2010, 21; CHOUDHURY: 2008,780 e MIRA WILKINS: 1989, 19.

[102] Cf. DOLZER / STEVENS: 1995, 8. Sobre a protecção do *IE* em concreto V., IETTO-GILLIES: 2011, 180 e SALACUSE: 2010, 439 e 440.

[103] Cf. SORNARAJAH: 2010, 16.

[104] Para uma análise mais pormenorizada, UNCTAD: 2002, 123.

[105] Neste sentido, JORGE MIRANDA: 2012, 60; PEREIRA / FAUSTO DE QUADROS: 2009, 183 e WLADIMIR BRITO: 2008, 151.

[106] Cf. STEPHAN SCHILL: 2009, 9 e 10.

[107] Cf. STEPHAN SCHILL: 2009, 19.

[108] O *MAI* surge por iniciativa dos *países desenvolvidos* no seio da *OCDE* tendo como objectivo estabelecer um *acordo multilateral* no domínio do *IE*. Todavia, este acordo foi alvo de fortes críticas que impossibilitaram a sua adopção. Entre as principais críticas, destacam-se a fraca participação proporcionada aos *países em desenvolvimento*, facto que manifestou uma premente

protagonizados por esta via. Entre estes destacam-se a criação da *Agência Multilateral de Garantia de Investimentos* (MIGA) – que *promove e garante riscos não comerciais* de determinados investimentos[109] – assim como a adopção da *Convenção para a Resolução de Diferendos Relativos a Investimentos entre Estados e Nacionais de outros Estados – Convenção de Washington*[110] – que implementou o *International Centre for Settlement of Investment Disputes* (ICSID).

Este *centro internacional de arbitragem* visa a *resolução de litígios* no domínio do *IE*, nos termos do art. 25.º[111] e das suas *regras específicas de consentimento* à arbitragem[112]. Nesta medida, o ICSID surge como um *meio despolitizado de resolução de litígios*[113] cuja grande vantagem deriva do *reconhecimento automático das suas decisões*, nos termos ao artigo 54.º da Convenção ICSID[114]. Por outro lado, importa referir "que cerca de dois terços dos litígios relativos

dificuldade em articular expectativas, principalmente no equilíbrio entre protecção dos investimentos, e a prossecução do interesse público dos Estados. Neste sentido, Stephan Schill: 2009, 55 e 56; Vandevelde: 2009, 25 e Salacuse / Sullivan: 2009, 123.

[109] São cinco os *riscos não comerciais* salvaguardados pela *MIGA* sendo eles: *inconversibilidade da moeda e restrições a transferências; expropriações; guerra, terrorismo e distúrbios civis; incumprimento de contratos e não cumprimento de obrigações financeiras.* Cf. http://www.miga.org/investmentguarantees/index.cfm?stid=1797. Para uma análise desta agência em termos gerais, Barrocas: 2010, 740 e 741; Stephan Schill: 2009, 48 e 49; Lowenfeld: 2008, 587 e 588; Brownlie: 2003, 521 e Costa Neves: 2001, 13 e 14.

[110] Salientando este ponto, Tiago Duarte: 2012a, 270 e Stephan Schill: 2009, 47.

[111] Segundo Hirsch, o *art. 25.º da Convenção de Washington* estabelece *três condições cumulativas* para determinar a jurisdição do *ICSID*. Assim, e em primeiro lugar, é necessário o consentimento das partes. Em segundo lugar, existe a necessidade de se verificar uma jurisdição *ratione materiae* delimitada pela necessidade: (*i*) de uma *disputa legal*, (*ii*) que *incida directamente sobre um investimento*. Em terceiro lugar, e por fim, existe a necessidade de se verificar uma jurisdição *ratione personae*, ou seja, uma das partes da disputa tem de ser um Estado parte da Convenção, não obstante se vislumbrem regras especiais para Estados que, não sendo parte da Convenção Washington a ela podem aceder, e que a outra parte seja um nacional de um outro Estado contratante. Cf. Hirsch: 1992, 41 e ss.

[112] Para uma análise das especificidades do *consentimento* à arbitragem *ICSID*, Dário Moura Vicente: 2011, 756 e 757; Barrocas: 2010, 734; Sérvulo Correia: 2010, 827; Reghizzi: 2009, 7 e ss; Tiago Duarte: 2008, 774 e ss e Hirsch: 1992, 21.

[113] Cf. Stephan Schill: 2009, 47.

[114] Neste sentido, Vieira de Andrade / Figueiredo Marcos: 2013, 408 e Potts: 2011, 1006. Sobre o *reconhecimento e execução das sentenças* proferidas pelo *ICSID*, Dário Moura Vicente: 2011, 757; Tiago Duarte: 2008, 781 e ss e Hirsch: 1992, 23. Contrapondo com o *reconhecimento e execução das decisões* sob as regras *UNCITRAL*, Mortenson: 2010, 266.

a investimentos estrangeiros são presentemente submetidos ao ICSID"[115], o que faz desta arbitragem um *elemento comum* e importante dos *BIT's* (*v.g.*, *BIT's* do Reino Unido; Holanda; Alemanha ou Suíça)[116], inclusive dos *BIT's* portugueses[117].

Todavia, é através da *via bilateral*, ou seja, dos *BIT's*, que se constrói o *sistema internacional de IE*[118]. A sua relevância, segundo STEPHAN SCHILL, permite a construção de um verdadeiro *sistema multilateral* de *IE*[119] através da *cláusula da nação mais favorecida*[120]. Porém, trata-se de uma *construção que não é isenta de críticas*. Entre estas destacam-se (*i*) a ineficiência dos *BIT's* na distribuição de riscos[121]; (*ii*) a *fragmentação* e *amplitude* de regras *substantivas*[122] e (*iii*) uma diminuição da soberania estadual[123]. Por outro lado, uma das grandes consequências que a doutrina associa à *celebração* de *BIT's* é o crescimento de *IE*[124]. Todavia, trata-se de um *argumento questionável*[125] – *v.g.*, o Brasil que não dispõe de nenhum *BIT's* em vigor e que até ao início do século XXI surgia como um dos principais *Host States*[126].

As teorias que tentam explicar a *celebração* de *BIT's* também não são unânimes. Assim, entre os argumentos que derivam da *teoria dos jogos*, da *teoria do direito em rede* e das *redes virtuais*[127], entendemos que sejam, fundamentalmente, dois os argumentos que determinam a *celebração* de *BIT's*. Assim, se para os *Host States* a celebração de *BIT's* transmite um *sentimento de confiança* aos *investidores*, que deriva da *assunção de obrigações específicas*[128],

[115] Cf. DÁRIO MOURA VICENTE: 2011, 756.

[116] Cf. SINCLAIR: 2009a, 93. Enaltecendo a mesma realidade, WEI DAN: 2010, 184; LIMA PINHEIRO: 2008, 96 e 97 e LOWENFELD: 2008, 570.

[117] Cf. DÁRIO MOURA VICENTE: 2011, 763.

[118] Cf. KAUSHAL: 2009, 496. Sobre os *BIT's* em geral, DOLZER / STEVENS: 1995, 1 e ss..

[119] Cf. STEPHAN SCHILL: 2008a, 3.

[120] Cf. STEPHAN SCHILL: 2008a, 9.

[121] Cf. HALABI: 2011, 305 e ss e KAUSHAL: 2009, 502.

[122] Cf. STEPHAN SCHILL: 2009, 11.

[123] Cf. SUZANA TAVARES DA SILVA: 2013, 119; ALSCHNER: 2013, 7 e 8; GUS VAN HARTEN: 2010, 31; WEI DAN: 2010, 185 e SORNARAJAH: 2010, 177.

[124] Expondo o problema, WEI DAN: 2010, 160.

[125] Cf. GUS VAN HARTEN: 2010, 32.

[126] Sobre o assunto, WEI DAN: 2010, 165 e ss.

[127] Expondo estas teorias, VIEIRA DE ANDRADE / FIGUEIREDO MARCOS: 2013, 202.

[128] Neste sentido, HALABI: 2011, 266; SORNARAJAH: 2010, 187; SALACUSE / SULLIVAN: 2009, 120 e WONG: 2006, 143.

para os *países exportadores* de *IE* a celebração de *BIT's* representará uma *redução de riscos*, ou seja, de uma "recusa pelo Estado de acolhimento em aplicar ao investidor estrangeiro a lei nacional"[129].

Consequentemente, concordamos com o argumento de ANTHEA ROBERTS, quando refere a existência de *simetrias* quanto à *estrutura* e de *assimetrias* quanto à *aplicação* dos *BIT's,* que derivam dos objectivos que visam ser concretizados[130].

## 1.4. O contexto português na *rede* global de captação de *IE*

### 1.4.1. A captação de *IE*

São diversas as iniciativas de *captação de IE*. No entanto, as iniciativas mais frutíferas destacam a criação de *organismos de acompanhamento e monitorização de IE – v.g., ordenamento jurídico norte-americano e irlandês*[131]. Por outro lado, é cada vez mais comum a constituição de *zonas económicas especiais* para *investidores estrangeiros,* designadamente, em Cuba, Coreia do Norte, Vietname e China[132].

Relativamente às condições do "*close the deal*"[133], é de referir, como ponto de partida, a *inexistência* de uma definição de "incentivos ao investimento"[134]. Todavia, a relevância atribuída ao *princípio da não discriminação* na *atribuição de incentivos* entre *investidores estrangeiros* e *investidores nacionais*[135], a par da *eficácia* dos *incentivos concedidos*[136]– *incentivos fiscais*[137] e/ou *incentivos*

[129] Cf. FAUSTO DE QUADROS: 1998, 53.

[130] Cf. ANTHEA ROBERTS: 2013, 35.

[131] Cf. CHANG: 2004, 698. Para uma análise a esta consideração no ordenamento jurídico irlandês, *V.*, BARROS: 2008, 107; NOGUEIRA LEITE / MACHADO: 2005, 49 e CHANG: 2004, 698.

[132] Cf. LONG: 2005, 318; EASSON: 2004, 8 e GRAHAM / KRUGMAN: 1991, 122.

[133] Cf. MORAN: 2006, 38.

[134] Neste sentido, UNCTAD: 2004a, 5.

[135] Cf. UNCTAD: 2004a, 16 e 17.

[136] Cf. MORAN: 2006, 40.

[137] Embora os *incentivos fiscais* possam ser de variada ordem, constatamos que os seus principais tipos reconduzem-se: a isenções fiscais; a taxas reduzidas de imposto para determinadas actividades ou tipos de empresas; a créditos de investimento; à depreciação acelerada de bens de capital; a deduções ou créditos para lucros reinvestidos; a taxas reduzidas de imposto retido na fonte sobre remessas para o país de origem; a reduções para a segurança social; à criação de zonas económicas especiais e a reduções na carga tributária na importação de certos produtos. Para uma análise mais pormenorizada sobre os vários tipos de *incentivos fiscais,* UNCTAD: 2004, 6 e 7; EASSON: 2004, 22 e 23; MAH / TAMULAITIS: 2000, 123; FERNANDES / SANTOS:

*financeiros*[138] – surgem como características inevitáveis daquele *conceito*. Na *doutrina*, a mobilização do *incentivo fiscal* surge como "*incentivo regra*" na *captação de IE*[139], sendo mobilizado, nos *países desenvolvidos*, como *mecanismo de manutenção* de *IE's* através de *regimes jurídicos de tributação internacionalmente competitivos*[140].

### 1.4.2. A recente inclusão do *IDE* no quadro de *competências exclusivas* em matéria de *política comercial comum* no *TFUE*

A influência de *planos supranacionais* – *v.g.*, *as liberdades fundamentais* que regem o *mercado interno* da UE – determinam a existência de *limitações internas* ao nível de *intervenções unilaterais* no plano económico. Como consequência, os *princípios* e *normas jurídicas* reguladores da economia de cada *Estado*, designados de *constituição económica*[141], necessitam, cada

1993, 300 e SÁ GOMES: 1991, 101 e ss. Cumpre salientar, também, a similitude dos *incentivos fiscais* concedidos pelo legislador nacional quando comparados com as práticas internacionais. Na verdade, tal facto é susceptível de ser constatado quer nas várias *al's. do n.º 2 do art.º 41do Estatuto dos Benefícios Fiscais, DL n.º 215/89, de 1 de Julho,* sendo novamente repetido nas várias *al's. do n.º 1 do art.º 16 do Código Fiscal do Investimento, anexo ao DL n.º 249/2009, de 23 de Setembro,* e que se traduzem: crédito de imposto; isenção ou redução de imposto municipal sobre imóveis, relativamente aos prédios utilizados pela entidade na actividade desenvolvida no quadro do projecto de investimento; isenção ou redução de imposto municipal sobre as transmissões onerosas de imóveis, relativamente aos imóveis adquiridos pela entidade, destinados ao exercício da sua actividade desenvolvida no âmbito do projecto de investimento; isenção ou redução de imposto do selo, que for devido em todos os actos ou contratos necessários à realização do projecto de investimento.

[138] Os *incentivos financeiros* são susceptíveis de reconduzirem-se: à concessão de subvenções; a empréstimos a taxas de juros reduzidas ou a injecções de capital. Cf. MAH / TAMULAITIS: 2000, 123. Já no ordenamento jurídico português, Eduardo Paz Ferreira, sob o mote de *subvenções financeiras*, vem a estabelecer uma divisão tripartida dos *incentivos financeiros* reconduzindo-os: a entregas directas de verbas aos beneficiários; à renúncia de créditos e à utilização de mecanismos de crédito. Cf. EDUARDO PAZ FERREIRA: 1989, 29 e ss.

[139] Cf. EASSON: 2004, 20 e UNCTAD: 2004a, 5.

[140] No mesmo sentido, CASALTA NABAIS: 2012, 163.

[141] A importância deste conceito deriva da constituição de WEIMAR de 1919, não obstante já se reconhecesse a existência deste tipo de normas na Lei Fundamental soviética de 1918 e na Constituição mexicana de 1917. Assim, SANTOS / GONÇALVES / MARQUES: 2011, 33 e 34; ARIÑO ORTIZ: 1999, 127; EDUARDO PAZ FERREIRA: 1996, 402 e ss; SOUSA FRANCO / GUILHERME D'OLIVEIRA MARTINS: 1993, 16; SOUSA FRANCO: 1988, 91; MENEZES CORDEIRO: 1986, 144 e VITAL MOREIRA: 1970, 41.

vez mais, de interpretações consonantes com as *realidades externas* que os envolvem[142].

Neste sentido, e como salienta VITAL MOREIRA, o âmbito do conceito de "*constituição económica*" é ampliado. Segundo o autor, "a qualidade jurídico-formal das normas que integram a constituição económica não é, pois, um elemento da construção do seu conceito. A sua qualidade constitucional não é elemento constituinte necessário do conceito de constituição económica"[143].

No âmbito do *IE*, a questão que agora se coloca é a da interpretação do art.º 87 da C.R.P., sob a epígrafe "Actividade económica e investimentos estrangeiros", e da consequente *imposição constitucional de legislação*[144] ancorada (*i*) no *contributo para o desenvolvimento do país, (ii) na defesa da independência nacional* e (*iii*) na *defesa dos interesses dos trabalhadores,* sendo que, no entender da *doutrina portuguesa*, a natureza condicionante, restritiva e apenas aplicável a *IE's não europeus,* determina a necessidade de *rever* ou *suprimir* a *norma* em questão[145].

Com a entrada em vigor do *Tratado de Lisboa* o *IDE* passou a integrar o âmbito da *política comercial comum,* de acordo com o §1 do art. 207.º do *TFUE.* Como resultado desta *inovação*[146], é a *UE* que passa a deter *competência exclusiva* – através do *Parlamento Europeu (via legislativa)* e do *Conselho (via de acordos internacionais)*[147] – para regular a principal modalidade de *IE,* de acordo com a *al. e*) do § 1 do art. 3.º do *TFUE.* Todavia, aos Estados-membros é dada a possibilidade de serem *habilitados* ou *autorizados* a intervir neste domínio, sendo que, neste caso, segundo JÓNATAS MACHADO, "eles intervirão na sua qualidade de gestores do interesse comum, devendo fazê-lo em articulação com os órgãos da *UE*"[148].

[142] No mesmo sentido, STOBER: 2008, 49.

[143] Cf. VITAL MOREIRA: 1970, 74.

[144] Cf. GOMES CANOTILHO / VITAL MOREIRA: 2007, 1022.

[145] Cf. CABRAL DE MONCADA: 2007, 97.

[146] Dando conta deste facto, VITAL MOREIRA: 2012a, 814; *Idem*: 2012b, 584; DÁRIO MOURA VICENTE: 2011, 766; RANGEL DE MESQUITA: 2011, 453 e ss e LAVRANOS: 2010, 21.

[147] Cf. VITAL MOREIRA: 2012a, 812. Sobre as especificidades do procedimento comum de negociação e celebração de acordos internacionais em matéria de *política comercial comum*, RANGEL DE MESQUITA: 2011, 327 e 328.

[148] Cf. JÓNATAS MACHADO: 2010, 104.

A *teleologia* que deriva desta solução surge da necessidade de um quadro jurídico europeu que responda a questões que já foram objecto de acórdãos no seio da *jurisprudência do TJUE*[149] relativamente à questão da *livre circulação de capitais.*

Na verdade, a existência de *BIT's* celebrados quer *entre Estados-membros*, quer *entre estes e países terceiros* num momento anterior à adesão da *UE*, evidenciam disposições que garantem aos *IE* a *livre transferência de pagamentos* relacionados com investimentos, *sem atrasos injustificados*[150]. Esta questão, conjugada com a possibilidade prevista no *TFUE* de *restrição dos montantes de capitais e pagamentos entre Estados-membros e países terceiros*[151], colidirá com a obrigação de cada Estado-membro eliminar incompatibilidades entre os *BIT's* e os Tratados Europeus, conforme o § 2 do art. 351.º do *TFUE.*

Como resposta a *parte do problema*, a *UE* adoptou o Regulamento (UE) n.º 1219/2012 do Parlamento Europeu e do Conselho, de 12 de Dezembro, que estabelece disposições transitórias para os acordos bilaterais de investimento entre os Estados-Membros e os países terceiros. No entanto, continua por resolver a questão da resolução de litígios *entre Estados-membros* ao abrigo de disposições de *BIT's* (*v.g.*, Alemanha *v.* República Checa)[152], cujo resultado determina uma *colisão de interesses* entre as disposições de um *BIT* e as disposições que derivam dos *Tratados Europeus*[153], interpretação que foi recentemente acolhida pelo TJUE no acórdão *Achmea*[154].

149 Cf. Processo C-249/06, Comissão contra Reino da Suécia, 3 de Março de 2009; Processo C-118/07, Comissão contra República da Finlândia, 19 de Novembro de 2009 e Processo C-205/06, Comissão contra República da Áustria, 3 de Março de 2009. Disponíveis em www.eur-lex.europa.eu.

150 A realidade descrita é possível de ser confirmada com o n.º 2 do art. 6.º do *Acordo entre a República Portuguesa e a República Popular da China Sobre a Promoção e Protecção Recíproca de Investimentos*: "As transferências referidas neste artigo [repatriação dos investimentos e rendimentos] são efectuadas sem demora, em moeda livremente convertível à taxa de câmbio usualmente praticada, na data de transferência, no mercado da Parte receptora do investimento".

151 Referimo-nos ao § 2 do art. 64.º e ao § único do art. 66.º, ambos do *TFUE.*

152 Cf. Olivet: 2013, 5 e ss e Gus Van Harten: 2005, 600.

153 Cf. Lavranos: 2010, 21.

154 O TJUE considerou que as cláusulas de arbitragem estabelecidas entre BIT's celebrados entre Estados-membros colocam em causa a autonomia, a eficácia, o primado e o efeito directo do Direito da União Europeia, bem como o princípio da confiança mútua entre Estados-membros. Mais considerou o TJUE que as referidas regras colocam em causa o processo de reenvio prejudicial, previsto no art. 267.ºdo TFUE, não sendo compatível com o princípio da

Por outro lado, importa salientar, como já referido, que uma das características dos *BIT's* é a atribuição de *competência* à *jurisdição* da *arbitragem ICSID* para a *resolução de litígios*, inclusivamente de litígios *entre Estados-membros da UE*. Sucede, porém, que, com a celebração do Tratado de Lisboa, a *UE* passa a deter a *competência exclusiva* para disciplinar as questões de *IDE*. Por outro lado, a existência de *tribunais arbitrais* a interpretarem o direito da *UE* será, no entender da doutrina, prejudicial à *efectividade* e *coerência* do *direito europeu*[155], bem como o papel que o TJUE desempenha na construção do Direito Europeu, facto que ainda é mais premente quando se conclui que a *UE* não é parte da *Convenção de Washington*[156].

Entendemos, assim, que as questões relacionadas com o *IE* implicam, do ponto de vista constitucional, a necessidade de superar uma *visão tradicional* da constituição segundo uma *concepção monista* e *exclusiva* da ordenação jurídica e política da vida do *Estado*[157]. Na verdade, os fenómenos de *internacionalização*, *globalização* e *europeização jurídica* determinam a necessidade de *constituições abertas às realidades que as rodeiam*[158]. É neste sentido que acompanhamos Gomes Canotilho quando refere que as "constituições desce[m] do "castelo" para a "rede"[159], sendo fundamental a *interconstitucionalidade*[160] das suas *normas* e *princípios*[161].

Uma vez que as *liberdades fundamentais* que caracterizam o *mercado interno* da *UE* são interpretadas como "princípios fundamentais da «constituição

cooperação leal, concluindo que o art. 267.º e art. 344.ºdo TFUE devem ser interpretados no sentido de que se opõem a uma disposição constante de um BIT celebrado entre os Estados-membros, nos termos do qual um investidor de um Estado-membro possa, em caso de litígio relativo investimentos celebrados num Estado-membro, intentar uma acção num tribunal arbitral, cuja competência um Estado-membro se comprometeu a aceitar. Cfr. Acórdão *Achmea*, proc. n.º C-284/16, disponível em www.curia.eu.

155 Neste sentido, Lavranos: 2010, 13.

156 Salientando este facto, Dário Moura Vicente: 2011, 766 e Lavranos: 2010, 18.

157 Cf. Paulo Otero: 2007, 570 e Gomes Canotilho: 2003, 1152.

158 Salientando esta característica em termos constitucionais, Rosenfeld: 2008, 2 e ss.

159 Cf. Gomes Canotilho: 2006, 269.

160 Entende-se por interconstitucionalidade as "relações interconstitucionais de concorrência, convergência, justaposição e conflitos de várias constituições e de vários poderes constituintes no mesmo espaço político". Cf. Gomes Canotilho: 2006, 267 e *Idem*: 2003, 1425. Fazendo também alusão a esta realidade Lucas Pires: 1997, 18.

161 No mesmo sentido, Poiares Maduro: 2006, 9.

económica comunitária»"[162], existirá, no nosso entender, a necessidade de se proceder a uma *concordância prática* das *normas* e *princípios constitucionais* referentes aos *Princípios Gerais*, Título I, *Organização Económica*, Parte II, da C.R.P.[163] e como tal a norma do art.º 87 que se refere ao *IE*, com as *liberdades fundamentais* que regem o *mercado interno*[164].

Entendemos, assim, que "ninguém hoje pode dizer que conhece a constituição económica de um Estado-membro da União Europeia se se limitar à leitura e interpretação do texto das respectivas constituições formais"[165]. É em virtude desta "dissolução da constituição económica portuguesa na constituição económica europeia"[166], desta "veleidade do controlo da economia pelo Estado"[167], que o art.º 87 da C.R.P. deve ser objecto de uma *concordância prática* entre a *ordem jurídica portuguesa* e a *ordem jurídica da UE*[168].

Como resultado, e face à necessidade de alcançar "soluções unificadas"[169], entendemos que os objectivos do art.º 87 da C.R.P. passam por ser *objectivos europeus* que Portugal, enquanto Estado-membro, *delega* à *UE*[170]. Todavia, é de referir que a *Comissão Europeia* não exclui a existência de uma *accountability*[171] própria de cada Estado-membro no âmbito do *IE*:

> [Embora a protecção do investimento e a liberalização passem a ser instrumentos-chave de uma política comum em matéria de investimento internacional, os Estados-Membros conservarão uma margem de actuação significativa para estabelecerem e aplicarem políticas de promoção do investimento consonantes com a política de investimento internacional comum e que a complementem.] (COM (2010) 343 final).

162 Cf. Gomes Canotilho / Vital Moreira: 2007, 951.

163 Designadas por Vital Moreira como "ordem económica de grau constitucional" Cf. Vital Moreira: 1970, 77.

164 Neste sentido, Santos / Gonçalves / Marques: 2011, 47.

165 Cf. Paulo Otero: 2007, 580.

166 Cf. Eduardo Paz Ferreira: 1996, 408.

167 Cf. Lucas Pires: 1997, 9.

168 Salientando a necessidade de se proceder a uma concordância prática entre os ordenamentos referidos, Luísa Duarte: 2010, 117 e ss; Gomes Canotilho / Vital Moreira: 2007, 954; Vital Moreira: 2006, 43; Luísa Duarte: 2000, 94 e Paulo Otero: 1998, 579.

169 Cf. Peter Häberle: 1993, 34.

170 Cf. Luísa Duarte: 2010, 41 e 42; *Idem*: 2000, 93; Gomes Canotilho / Vital Moreira: 2007, 277 e *Idem*: 1991, 76.

171 Para uma análise geral da *accountability*, Dowdle: 2006, 3.

### 1.4.3. A realidade portuguesa na captação de *IE*

O paradigma português de *IE* nas décadas de 60 e 70 caracterizou-se na existência de *actividades de trabalho intensivas e pouco qualificadas*, segundo uma *lógica de concorrência de custos*[172]. Este paradigma, ainda vigente nos *países asiáticos* e da *América Latina*[173], não se coaduna com as características do *IE* no século XXI, ou seja, *IE altamente qualificado* no domínio das *telecomunicações, turismo, energia, transportes* e *serviços públicos*[174].

No entanto, o constante *escrutínio internacional*, designadamente, por parte das *agências de notação de risco*[175], não tem beneficiado Portugal na captação de *IE*. Esta realidade surge reforçada, para além da "*inexistência crónica*" de uma abordagem estratégica e coerente no domínio do *IE*[176], na existência de "uma estrutura empresarial frágil e pouco propensa à inovação, uma Administração Pública pouco eficiente e uma elevada assimetria na distribuição do rendimento e da riqueza"[177].

Todavia, é possível reconhecer diversos esforços que o legislador nacional vai adoptando no sentido de alcançar um "*good investment climate*"[178]. Considerando o *IE* como "uma prioridade fundamental (...) uma vez que dele depende o desígnio do crescimento económico sustentável da dinamização e desenvolvimento do investimento"[179], o ordenamento jurídico português tem efectuado um *conjunto de reformas* que equiparam o *IE* ao *investimento nacional*, designadamente, ao nível da *iniciativa económica privada*[180], bem como no plano das *privatizações*[181].

Quanto ao regime jurídico que disciplina o *CI* é de salientar as *transformações positivas* que têm ocorrido no ordenamento jurídico português.

[172] No mesmo sentido, Tânia Cunha: 2006, 91 e Simões: 1985, 335.

[173] No mesmo sentido, Gomes da Costa: 1998, 6 e ss.

[174] Cf. UNCTAD: 2012, 9; Görg / Jabbour: 2009, 1; Smeets: 2000, 20 e ss; Ibrahim Shihata: 1993, 8 e Simões: 1985, 371.

[175] Cf. João Filipe Graça: 2012, 17 e ss e Schwarcz: 2002, 1 e ss. Salientando este facto em termos estaduais, Sabino Cassese: 2010, 46.

[176] Cf. Borges: 2005, 397 e Ernâni Lopes: 2000, 54.

[177] Cf. António Romão: 2006, 45.

[178] A expressão é de Moran: 2006, 36.

[179] Cf. Resolução do Conselho de Ministros n.º 47/2012, de18 de Maio de 2012.

[180] Cf. Cabral de Moncada: 2007, 92.

[181] Referimo-nos à L. n.º 102/2003, de 15 de Novembro que surge influenciada pela condenação de Portugal no TJUE. Cf. Processo C-367/98, de 4 de Junho de 2002. Disponível em www.eur-lex.europa.eu.

Desde o paradigma inicial das *autorizações prévias* e *registos a priori* de *IE's*[182]; ao regime *de mera declaração prévia* e *de registo a posteriori*[183], passando pelo *regime de registo a posteriori* e *sem controlos prévios*[184] e consequente *revogação do regime de registo a posteriori* das operações de *IE* em Portugal[185], resulta do actual DL. n.º 191/2014, de 31 de Dezembro, uma equiparação efectiva no regime jurídico de *IE* quando comparado com o *investimento nacional.*

No domínio da *Administração Pública* é também de referir a adopção de *técnicas de gestão privada.* Sob a influência da *New Public Management*[186], a *Administração Pública portuguesa* está a evoluir do *modelo de Administração burocrática de* MAX WEBER[187] para uma "administração de resultados"[188], cujos valores fundamentais são a *eficácia* e *eficiência*[189]. Deste modo, cumpre referir que a *ineficiência administrativa*, que é considerada como um dos principais bloqueios ao *IE*[190], é objecto de uma especial atenção por parte do ordenamento jurídico português.

Quanto à *estratégia de captação de IE*, o ordenamento jurídico português revela uma preferência na adopção de *instrumentos fiscais*[191]. Neste sentido, constatamos que o *DL n.º 191/2014, de 31 de Dezembro*, demonstra uma estreita harmonia com o *Estatuto dos Benefícios Fiscais* (*v.g.*, "*benefícios fiscais ao investimento de natureza contratual*", n.º 1 do art.º 41). Por outro lado, cumpre destacar, também, o *Código Fiscal do Investimento,* assim como o *Conselho de Coordenação dos Incentivos Fiscais ao Investimento*[192], cujo objec-

[182] Implementado pelo *DL n.º 239/76, de 6 de Abril, e o DL n.º 348/77, de 24 de Agosto.* Para uma análise mais detalhada aos diplomas referidos *V.*, BARROS: 2008, 93; TÂNIA CUNHA: 2006, 35 e 39; BRANCO: 1991, 3 e 4 e SIMÕES: 1985, 337.

[183] Implementado pelo *DL n.º197-D/86, de 18 de Julho.* Para uma análise mais detalhada ao diploma referido, *V.*, CABRAL DE MONCADA: 2007, 102 e TORRES: 1991, 16 e 17.

[184] Implementado pelo *DL n.º 321/95, de 28 de Novembro.* Para uma análise mais detalhada ao diploma referido, *V.*, MOREIRA: 1997, 186 e 187.

[185] *V.* DL n.º 203/2003, de 10 de Setembro.

[186] Sobre a questão, GOMES CANOTILHO: 2006, 143.

[187] Neste sentido, ROCHA: 2001, 181.

[188] Cf. PEDRO GONÇALVES: 2006, 552.

[189] Estes princípios têm hoje acolhimento legal expresso no art.º 5 do novo CPA.

[190] No mesmo sentido, DRABEK / PAYNE: 2001, 10.

[191] No mesmo sentido, CASALTA NABAIS: 2005, 414.

[192] Referimo-nos ao anexo do DL n.º 162/2014, de 31 de Outubro, que procede à regulamentação dos benefícios fiscais contratuais, condicionados e temporários, susceptíveis de concessão ao abrigo do disposto no artigo 41.º do *Estatuto dos Benefícios Fiscais,* aprovado pelo DL n.º 215/89,

tivo viabiliza a implementação de uma *cultura de estabilidade e eficiência fiscal*[193].

No entanto, cumpre referir que a *concessão de incentivos financeiros* não é marginalizada. Na verdade, o DL n.º 191/2014, de 31 de Dezembro, prevê, para além da *atribuição de benefícios fiscais*, a *concessão de incentivos financeiros*, *co-financiamentos* e *contrapartidas específicas* com vista a atenuar *custos de contexto*. Esta realidade faz do ordenamento jurídico português um *ordenamento jurídico eclético* quanto à *natureza dos incentivos* concedidos para a *captação de IE*[194], não obstante o respeito das *regras europeias dos auxílios de estado*[195] e da correspectiva salvaguarda da *concorrência* do *mercado interno* europeu[196]. É deste modo que os *incentivos à captação de IE* necessitam de uma articulação com o *princípio geral de incompatibilidade dos auxílios de Estado com o mercado interno*, § 1 do art. 107.º do *TFUE*, e dos subsequentes subprincípios da *compatibilidade (automática) de certos auxílios*, § 2 do art. 107.º do *TFUE*, e da *declaração (facultativa) de compatibilidade* de determinado tipo de auxílios, § 3 do art. 107.º do *TFUE*[197].

## 1.5. Breve referência às modalidades de *IE*

No *plano internacional* é comum a *exemplificação* das características que a *noção de IE* reveste[198]. Esta realidade é recorrente nos *International Investments Agreements*, quer na sua componente *multilateral* (*v.g., al. a)* a *f)* do § 6 do art. 1.º do *TCE* ou do art. 1139.º do *NAFTA*), quer na componente *bilateral* – *BIT's*[199], verificando-se, também, a mesma circunstância nos *BIT's* portugueses[200].

de 1 de Julho, e que veio estabelecer o estatuto do investidor no caso de este ser um residente não habitual em território português.

193 Salientando esta necessidade, GUILHERME D'OLIVEIRA MARTINS: 2002, 21 e ss.

194 Salientando esta característica em termos genéricos, *V.*, EDUARDO PAZ FERREIRA: 1989, 36.

195 Cf. n.º 6 do art. 3.º do *DL n.º 191/2014, de 31 de Dezembro*. Fazendo apelo a esta realidade ao nível dos *benéficos fiscais*, SUZANA TAVARES DA SILVA: 2013, 128.

196 Cf. MARTINS: 2002, 40 e NOGUEIRA DE ALMEIDA: 2002, 349.

197 Para uma análise deste artigo, NOGUEIRA DE ALMEIDA: 2012, 518.

198 No mesmo sentido, REGHIZZI: 2009, 36.

199 No mesmo sentido, OCDE: 2006, 148 e 149.

200 *V.*, al's. *a)* a *f)* do n.º 1 do art. 1.º do Decreto n.º 17/2008, de 26 de Junho, que estabelece o *Acordo Entre a República Portuguesa e a República Popular da China Sobre a Promoção e Protecção Recíproca de Investimentos*, que procede a uma *enumeração não exaustiva* da *noção de investimento*.

Todavia, é na doutrina que se questionam as principais características da *noção de IE*, mais concretamente as características que revestem o conceito de *investimento*. Para alguns autores o *conceito de investimento* deverá reflectir a *primeira parte do n.º 1 do art. 25.º da Convenção de Washington*[201], ou seja, "diferendos de natureza jurídica directamente decorrentes de um *investimento* entre um Estado Contratante (ou qualquer pessoa colectiva de direito público ou organismo dele dependente designado pelo mesmo) e um nacional de outro Estado Contratante...". No entanto, trata-se de uma *construção controversa*[202], uma vez que a *Convenção de Washington* é *omissa* quanto a uma argumentação segura na matéria[203].

O contributo mais relevante para alcançar as características da *noção de investimento* é, deste modo, colocado na jurisprudência arbitral *ICSID*. O "*leading case*" a reter é o *acórdão "Salini"*[204], uma vez que, para além de *precedente jurisdicional* neste domínio[205], conta com o "suposto" apoio do comentário de CHRISTOPH SCHREUER à *Convenção de Washington*[206]. Assim, são referidas como características da noção de *investimento (i) a contribuição para o desenvolvimento económico de um Host State*; (*ii*) *o estabelecimento de uma relação jurídica relativamente longa (entre dois a cinco anos)*; (*iii*) *a assunção de riscos*; (*iv*) *a afectação de recursos* e (*v*) a *susceptibilidade de gerar lucros ou rendimentos*[207].

Todavia, também constatamos a existência de *críticas às características da noção* apresentada, desde logo, e como refere EMMANUEL GAILLARD, porque a *Convenção ICSID* não define o conceito de investimento[208]. Por

[201] Entende-se que este artigo constitui uma regra básica de acesso ao *ICSID*. Neste sentido, SÉRVULO CORREIA: 2012, 101; MORTENSON: 2010, 267 e REGHIZZI: 2009, 36.

[202] Chamando a atenção para este ponto, DÁRIO MOURA VICENTE: 2011,755.

[203] Fala-se, por isso, de uma *conceito deliberadamente aberto e não taxativo*. Neste sentido, BARROCAS: 2010, 735; SORNARAJAH: 2010, 308; LIMA PINHEIRO: 1999, 58; HIRSCH: 1992, 59 e PHILLIPE KAHN: 1968, 27. Para uma análise à história da elaboração do art. 25.º da Convenção *ICSID, V.*, MORTENSON: 2010, 259 e ss.

[204] Caso *Salini Costrutori S.P.A and Italstrade S.P.A. v. Kingdom of Marrocos. V.*, ICSID Case No. ARB/00/4. Disponível em www.italaw.com.

[205] Cf. SORNARAJAH: 2010, 310 e MORTENSON: 2010, 272. Salientando a crescente importância do papel dos árbitros neste domínio, SÉRVULO CORREIA: 2010, 825.

[206] Cf. CHRISTOPH SCHREUER: 2001.

[207] Cf. VIEIRA DE ANDRADE / FIGUEIREDO MARCOS: 2013, 205, nota 247; ZIVKOVIC: 2012b, 149; DÁRIO MOURA VICENTE: 2011, 754 e SÉRVULO CORREIA: 2010, 825 e 826.

[208] Cf. EMMANUEL GAILLARD: 2009, nota 3, 407 e ss.

outro lado, entende MORTENSON, socorrendo-se do *elemento histórico* que resulta do processo de elaboração da *Convenção ICSID*, que as características apontadas à noção de *investimento* surgem como uma *restrição da noção de investimento* que é sustentada por uma incompreensão do processo que criou o art. 25.º da referida *Convenção*[209].

Relativamente às modalidades de *investimento*, é usual o recurso a uma *categorização funcional* deste conceito. O seu objectivo visa a compreensão de *fluxos de investimento transfronteiriços*[210]. Desta perspectiva, as principais modalidades *de investimento* são (*i*) o *investimento directo*; (*ii*) o *investimento de carteira*; (*iii*) *instrumentos financeiros derivados*[211]; (*iv*) *activos de reserva*[212] e (*v*) *outras formas de investimento*[213]. Da nossa parte, o objecto de estudo centrar-se-á apenas no *investimento directo*, sendo que o *investimento de carteira* será apenas analisado sumariamente como ponto de contraste.

Todavia, cumpre salientar que o ordenamento jurídico português, no que respeita ao regime legal do *CI*, não referencia uma determinada modalidade de *IE* em concreto. Rompe-se, deste modo, com a tradição legislativa portuguesa que estabelecia a *noção de IDE*.

[209] Neste sentido, MORTENSON: 2010, 280.

[210] Cf. FMI: 2008, 99.

[211] Esta categoria de investimento caracteriza-se pela sua recente autonomização por parte do *FMI*. Quando falamos de *instrumentos financeiros derivados*, que tendem a surgir sob a forma de *contratos diferenciais*, *futuros*, *opções*, *swaps* ou *índices*, falamos não de um *produto ou bem material*, mas sim de *serviços ou bens imateriais* que, historicamente, surgem na década de 70 associados à "crise do petróleo" e pelo fim dos *acordos de Bretton Woods*, visando, assim, proceder à cobertura de riscos e à volatilidade da actividade financeira, sendo usual a sua conotação à expressão de "engenharias financeiras". Cf. PAULO DA CÂMARA: 2009, 197 e ss; OLIVEIRA ASCENSÃO: 2003, 49 e QUELHAS: 1996.

[212] Os *activos de reserva* consistem em activos financeiros que estão prontamente disponíveis, sendo controlados pelas autoridades monetárias com o objectivo de proceder ao financiamento de desequilíbrios de pagamentos. Caracterizam-se por serem activos de "emergência" que visam intervir, designadamente, no mercado de câmbio; na salvaguarda de necessidades de financiamento relativas à balança de pagamentos; na estabilização da confiança de uma economia e da sua moeda, bem como na garantia da contracção de empréstimos externos. Cf. FMI: 2009, 111 e *Idem*: 1993, 97.

[213] Segundo o *FMI*, a realidade referida engloba uma categoria de investimento extremamente ampla, na medida em que manifesta posições e operações que não se inserem nas demais modalidades de investimento. A título de exemplo, são englobadas nesta categoria: créditos comerciais; empréstimos; fundos de crédito ou seguros de vida. Cf. FMI: 2009, 111 e *Idem*: 1993, 81.

### 1.5.1. Investimento Directo Estrangeiro

A principal modalidade de *IE* é o *IDE*.[214]. Não sendo pacífica a sua concreta caracterização[215], constatamos que são diversas as instituições internacionais que lhe dedicam especial atenção – *v.g.*, *OCDE*[216], *FMI*[217] e *OMC*[218]. Atendendo aos contributos das referidas instituições, entendemos que os principais aspectos que caracterizam o *IDE* são (*i*) a existência de uma *relação estável de longo prazo*[219], (*ii*) uma gestão que determine um *controlo ou uma influência significativa*[220], (*iii*) a preferência de investimentos em *activos*

[214] Segundo dados da UNCTAD, os fluxos de *IDE* devem aumentar a um ritmo moderado, mas constante, concluindo que possa chegar aos 1,8 triliões de dólares em 2013 e 1,9 triliões de dólares em 2014. Cf. UNCTAD: 2012, 16.

[215] Cf. OCDE: 2008a, 46.

[216] Segundo a OCDE, o *IDE* "reflecte um interesse duradouro por parte de uma empresa residente numa economia (investidor directo) noutra empresa (empresa de investimento directo) residente numa economia distinta da do investidor directo. O interesse duradouro implica a existência de uma relação de longo prazo entre o investidor directo e a empresa de investimento directo e um grau significativo de influência na direcção da empresa". Cf. OCDE: 2008b, 286.

[217] Segundo o FMI, o *IDE* constitui "uma categoria de investimento transfronteiriço associado a um residente de uma economia que tem o controlo ou um grau significativo de influência na gestão de uma empresa que é residente noutra economia (...). Investimento directo tende a envolver um relacionamento duradouro, embora possa haver uma relação de curto prazo em alguns casos". Cf. FMI: 2009, 100 e 101.

[218] Para a OMC, o *IDE* "ocorre quando um investidor de um país (país de origem) adquire um bem noutro país (país anfitrião) com a intenção de gerir esse activo. A dimensão da gestão é o que distingue o *IDE* do investimento de carteira em acções no exterior, obrigações e outros instrumentos financeiros. Cf. Wto:1996.

[219] Cf. FMI: 2009, 100 e 101; OCDE: 2008b, 286; Tânia Cunha: 2006, 19 e 20; Ministério da Economia e do Emprego: 2006, 1; Vita / Lawler: 2004, 14; Moreira:1997, 176 e Graham / Krugman: 1991, 8 e 9.

[220] A *influência da gestão* pode configurar: *influência imediata ou directa*, ou numa *influência mediata ou indirecta*. A primeira verifica-se quando o *investidor directo* detém o *controlo* (+ 50%), ou um *grau significativo de influência* (entre 10% a 50%) da *propriedade; do capital social; de participações sociais* ou do *poder de voto* de uma empresa ou o seu equivalente, no caso de entidades sem personalidade jurídica, ou de negócios que não sejam constituídos sob a forma societária. Já na segunda, verifica-se quando uma determinada entidade é capaz de exercer um *controlo* ou uma *influência indirecta* através de uma *cadeia de relações de investimentos directos*. Cf. Payne / Yu: 2011, 2; FMI: 2009, 101; OCDE: 2008b, 286; Ministério da Economia e do Emprego: 2006, 1e Wto; 1996. Para uma análise dos métodos que permitem proceder tal distinção, *V.*, OCDE: 2008b, 196.

*tangíveis*[221] (designadamente, através de *fusões, aquisições*[222] e *joint ventures*[223]) por oposição a *investimentos de raiz*[224]; (*iv*) o facto de serem investimentos normalmente realizados por *pessoas colectiva*[225] (designadamente, *empresas públicas*[226]) e (*v*) a essencialidade do *princípio da não discriminação do investimento em razão da nacionalidade*[227].

No que diz respeito às características de *IDE* no ordenamento jurídico português[228], assim como as *operações* que lhe estão associadas[229], cumpre

[221] Neste sentido, SANTOS: 1985, 742.

[222] Neste sentido, ALCABAS / BOURCIEU / VALERSTEINAS: 2000, 19.

[223] Esta é uma característica dos investimentos europeus. Neste sentido, ALESSANDRINI: 2000, 23. Para uma análise geral das *joint ventures*, LIMA PINHEIRO: 2003.

[224] Cf. SORNARAJAH: 2010, 116; EASSON: 2004, 2; GAVIN: 2001, 5 e ss; DRABEK / PAYNE: 2001, 8; ALESSANDRINI, 2000, 22 e GRAHAM / KRUGMAN: 1991, 24.

[225] Para a *OCDE*, a referência a *empresa* nesta matéria diz respeito a uma unidade económica dedicada à produção de bens e serviços que pode revestir: uma forma societária; uma instituição sem fins lucrativos ou uma empresa não constituída sob a forma societária. Cf. SORNARAJAH: 2010, 63 e OCDE: 2008b, 280. Sobre as várias acepções de *empresa* no ordenamento jurídico português, COUTINHO DE ABREU: 2009, 218 e ss.

[226] Segundo a *UNCTAD*, as *empresas públicas* estão a surgir como importantes *players* no *IDE*, contabilizando cerca de 650 *empresas estaduais multinacionais* em 2010, operando cerca de 8500 filiais estrangeiras, representando o seu fluxo de investimentos no exterior cerca de 11% dos fluxos globais de *IDE*. Cf. UNCTAD: 2012, 99. Sobre as *empresas públicas* no ordenamento jurídico português, COUTINHO DE ABREU: 2009, 263 e ss; *Idem*: 2003, 555 e ss; PEDRO GONÇALVES: 2007a, 20 e ss e MARCELLO CAETANO: 1980, 377 e ss.

[227] Cf. EVANS: 2002, 7.

[228] No ordenamento jurídico português, o *IDE* visa delimitar as entidades receptoras de investimento estrangeiro directo do exterior em Portugal, considerando-se como tais todas as empresas residentes participadas por capital estrangeiro. No caso das sociedades por acções, é indicador da existência de relação de investimento directo, a participação detida a título individual por uma pessoa singular ou colectiva não residente de, pelo menos, 10% do respetivo capital social. Esta indicação não exclui a possibilidade de existência de relações de investimento directo em casos onde a participação no capital da empresa de investimento directo seja inferior a 10%. Englobam-se, também, neste conceito, os actos e contratos realizados por pessoas singulares e colectivas não residentes que tenham por objecto ou efeito a criação, manutenção ou reforço de laços económicos estáveis e duradouros, relativamente a uma empresa constituída em Portugal. Cf. MINISTÉRIO DA ECONOMIA E DO EMPREGO: 2006, 1.

[229] Segundo o *Ministério da Economia e do Emprego*, o tipo de operações que estão subjacentes ao *IDE* são: (*1*) *no capital das empresas*: aquisição/alienação de acções das empresas investidoras; a constituição de novas empresas/abertura de sucursais/dissolução; aquisição/alienação total ou parcial de empresas residentes já constituídas ou aumentos ou reduções de capital; (*2*) *lucros reinvestidos*; (*3*) *operações sobre imóveis*; (*4*) *créditos/empréstimos e suprimentos* que se

referir que estas não diferem das características inerentes ao *paradigma internacional*. No entanto, chama-se a atenção para o facto de serem apenas *características tendenciais*. Na verdade, o âmbito de *investidores directos* pode ser *muito diversificado*[230]. Por outro lado, é possível verificar que, para além das especificidades próprias que possam resultar da interpretação dos *International Investments Agreements*, a protecção de aspetos relacionados com a *propriedade intelectual* e até mesmo de *investimento de carteira*[231].

### 1.5.2. Investimento de Carteira

O *Investimento de Carteira*, também designado como *investimento indirecto*[232], é normalmente caracterizado como uma *operação de aquisição ou venda de activos financeiros*[233]. Dado o seu *carácter de curto prazo* e a associação a um mero movimento de capital e liquidez[234], constatamos que este tipo de investimento não confere, normalmente, um *controlo* ou *influência significativa* no investimento realizado[235].

Por outro lado, a sua *volatilidade* não satisfaz as necessidades reais de uma economia[236], uma vez que não permite a *criação directa de postos de trabalho* ou a *transferência de tecnologias*. Consequentemente, existe um número considerável de *BIT's* que excluem este tipo de investimento do âmbito da sua protecção[237].

podem traduzir em prestações suplementares de capital ou em empréstimos concedidos pelos investidores directos não residentes ou às empresas investidoras (empréstimos reversos), e (5) outras operações, que envolvem a constituição de consórcios, cobertura financeira de prejuízos ou a realização de operações sobre derivados financeiros entre empresas de investimento directo. Para uma análise mais detalhada, *V.*, Ministério da Economia e do Emprego: 2006, 2 e ss.

[230] Para além das pessoas colectivas, a doutrina refere como *investidores directos, pessoas singulares; fundos de investimento; patrimónios fiduciários* e *organizações internacionais*. Para uma análise às modalidades de investidores, *V.*, Sornarajah: 2010, 63 e ss; FMI: 2009, 103 e OCDE: 2008c, 52.

[231] Cf. Sornarajah: 2010, 10; Gus Van Harten: 2005, 604 e Evans: 2002, 8 e ss.

[232] Cf. QI: 2011, 548 e Tânia Cunha: 2006, 25.

[233] Cf. Santos: 1985, 749.

[234] Designadamente, através de *acções, títulos de dívida* e *valores mobiliários*. Cf. FMI: 2009, 99.

[235] Cf. Sornarajah: 2010, 8; OCDE: 2008b, 12; Barros: 2008, 13; Moreira: 1997, 176 e Vita / Lawler: 2004, 14. Questionando esta realidade, Sérvulo Correia: 2010, 826.

[236] Neste sentido, Evans: 2002, 4 e Moreira: 1997, 176.

[237] Cf. Sornarajah: 2010, 314.

## 1.6. Conclusão da Primeira Parte

As "forças" que determinam a construção de um *regime jurídico de IE* são fortemente influenciadas pelo *contexto internacional*. Desta construção destacam-se os *International Investments Agreements*, designadamente, os *BIT's*, cuja *estrutura* e *conteúdo* reflectem um pressuposto essencial da sua existência, ou seja, reflectem a necessidade de uma protecção acrescida dos investidores estrangeiros que efectuam um investimento num *Host State*.

Este pressuposto em que assenta o *IE* resulta em grande medida de dois factos essenciais: (*i*) no decurso dos últimos 50 anos é possível concluir que o *IE* corresponde a um domínio fortemente vulnerável a interferências dos Estados, interferências que podem resultar, designadamente, do tipo de investimentos efectuados, ou seja, investimentos em *recursos naturais* ou em *infraestruturas essenciais*; da existência de *crises económicas*, como a crise da Argentina, e de diferentes *ideologias políticas* cuja execução afecta o âmbito de protecção que deve ser conferido aos investidores estrangeiros; (*ii*) a desconfiança generalizada que os investidores estrangeiros sentem quanto à eventualidade de dirimirem litígios em Tribunais nacionais, bem como da sua respectiva politização, na medida em que surgem relacionados com a prossecução de políticas públicas de relevante interesse público, que ocorrem com a existência de processos de liberalização e de privatização de sectores essências.

É no âmbito deste paradigma que se atribui particular enfase para a *imparcialidade* e *despolitização*. Ressalta deste facto a relevância conferida à jurisprudência que resulta das decisões arbitrais proferidas ao abrigo da *Convenção de Washington* e que tem confirmado a formação de um conjunto de *standards* que atribuem efectiva protecção aos investidores estrangeiros segundo regras próprias. Sucede, porém, que o paradigma que se acentuou nas décadas de 80 e 90, de protecção efusiva e amplamente protectora do investidor estrangeiro, demonstra-se de difícil articulação com o paradigma económico que está a caracterizar as primeiras décadas do século XXI e que resulta na necessidade de protecção dos contribuintes de cada Estado.

Com a globalização da economia, a existência de novos investimentos corresponde a um mecanismo pelo qual, para as *economias emergentes*, viabiliza, como tivemos a oportunidade de referir, a exploração de *recursos naturais* e o desenvolvimento de *infraestruturas essenciais* para o seu desenvolvimento. Já para os países desenvolvidos, a crise económica iniciada em 2007 com o *sub-prime* e agonizada em 2011 com a *crise das dívidas públicas dos Estados*, tem revelado que o *IE* já não corresponde integralmente ao paradigma da década de 80 e 90 do século XX. Desde logo, a trajectória que se julgava clara de investimentos de *países desenvolvidos* em *países em vias de desenvolvimento* é invertida, designadamente se analisarmos o exemplo de Portugal e dos sucessivos investimentos que Angola tem efectuado no nosso país.

A par desta nova realidade, é necessário efectuar novas interpretações, principalmente em aspectos jurídico-económicos quando analisamos o âmbito do *IE* e as suas implicações com as regras da União Europeia. Como referimos, as décadas de 80 e 90 do século XX demonstraram que o âmbito do *IE* era pautado pela capacidade que cada Estado dispunha em celebrar *BIT's* e de dispor sobre os *standards de protecção* conferidos aos investidores (materiais e processuais). Esta realidade veio demonstrar a existência de um conjunto de regras que formam um sistema jurídico próprio que facilmente colidem com disposições que os Estados deixam de dispor livremente, como sucede actualmente com a celebração de novos *BIT's*, nos termos do artigo 207.º do TFUE.

Deste modo, a integração na União Europeia implica o respeito pelas regras que disciplinam o mercado único, razão pela qual a existência de um conjunto de regras especiais que visem conferir uma protecção acrescida aos investidores estrangeiros, bem como um sistema específico de resolução de litígios, constituem elementos de difícil articulação com as regras impostas pela União Europeia (*v.g.*, auxílios de estado), bem como da competência atribuída ao TJUE na interpretação do Direito Europeu.

# Segunda Parte
# O Estado e a actividade jurídico-económica

A segunda parte do presente estudo visa analisar a *teleologia* imanente às *transformações estaduais* no *plano jurídico-económico* que influenciam o *IE*. Desta forma, analisaremos: (*i*) as mutações do *Estado* e a sua relação com a esfera *jurídico-económica*; (*ii*) a mobilização da figura do *contrato*, designadamente, do *CI* e (*iii*) a relação que é estabelecida entre *CI* e *International Investments Agreements*.

## 2.1. Mutações jurídicas do Estado e relações jurídico-económicas

Os conceitos-chave da *nova dogmática juspublicísta* caracterizam-se na *flexibilidade, eficiência, transparência, responsabilidade* e *abertura à inovação* das actuações públicas[238]. Estas características, contextualizadas no âmbito da *actividade jurídico-económica*, demonstram que a *intervenção pública na economia*, assim como o *concreto paradigma* de *Estado*, não constituem um *fenómeno estático*. Refere-se, por isso, na *doutrina espanhola*, a existência de um "poliédrico fenómeno do intervencionismo"[239].

O resultado desta "geometria variável" no paradigma de *Estado* e das *relações jurídico-económicas* que são subsequentemente estabelecidas determinam a necessidade de uma adaptação constante das características do

[238] Cf. Suzana Tavares da Silva: 2010b; Pedro Gonçalves: 2006, 552 e Gomes Canotilho: 2001b, 707.

[239] Cf. Ortega: 2005, 23.

*direito administrativo económico*[240] – caracterizado pela *mutabilidade, maleabilidade, plasticidade* e *flexibilidade* das suas soluções [241] – nos domínios da *orientação, garantia* e *fomento* da economia.

### 2.1.1. *Estado-de-polícia*

Nos séculos XVII e XVIII surgiu no *ordenamento jurídico francês*, por impulso de COLBERT, uma *actividade administrativa de fomento*, fortemente *rígida, dirigista* e *controladora*, cujo objectivo era a dinamização do *desenvolvimento industrial de França*[242]. Nesta época, – a época do *Estado-de-polícia* e da dualidade *Príncipe / Fisco*[243]– as *relações jurídicas* (súbdito / príncipe *vs.* súbdito / fisco) eram influenciadas pela existência de um *poder de polícia*[244], ou seja, de um poder subtraído à lei (*ius emines*)e emanação absoluta da acção do príncipe tendente a zelar pelo bem-estar da comunidade (*salus publica*)[245].

### 2.1.2. *Estado Liberal*

Com o advento do *Estado Liberal* nasce o *Direito Administrativo*[246]. Consequentemente, a *actividade pública* passa a estar subordinada ao *princípio da proporcionalidade* e ao *princípio da legalidade*, enquanto postulados de um *Estado de Direito*[247]. Assiste-se a uma "contenção" da intervenção do *Estado* na *esfera privada* – "*laissez-faire*"[248]. Esta realidade caracterizará o *Estado*

[240] Para ROLF STOBER, o direito administrativo económico consiste "na soma das normas e medidas que regulam a criação e a actividade dos órgãos da Administração e das autoridades administrativas, sobretudo para a resolução dos problemas das infra-estruturas e das informações, da planificação, da fiscalização, da direcção e do fomento da vida económica, bem como as relações jurídicas dos sujeitos que participam na vida económica com a Administração pública." Analisando o conceito, STOBER: 2008, 16.

[241] Neste sentido, CABRAL DE MONCADA: 2012a, 74 e ss; ORTEGA: 2005, 29; MANUEL AFONSO VAZ: 1998, 89 e ss e LAUBADÈRE: 1985, 114.

[242] Cf. SABINO CASSESE: 2010, 47 e RAMON PARADA: 1997, 460.

[243] Sobre o tema, *V.*, VIEIRA DE ANDRADE: 2011a, 17; FIGUEIREDO DIAS / PAULA OLIVEIRA: 2011, 21; MARIA JOÃO ESTORNINHO: 1999, 101 e 102; ROGÉRIO SOARES, 1955, 66 e *Idem*, sem data, 18.

[244] Cf. NOGUEIRA DE BRITO: 2009, 289 e ss e MARCELLO CAETANO: 1990, 1145 e ss.

[245] Cf. ROGÉRIO SOARES: 1955, 54 e ss.

[246] *V.*, por todos, VIEIRA DE ANDRADE: 2011a, 19.

[247] Cf. NOGUEIRA DE BRITO: 2009, 295 e GOMES CANOTILHO: 2003, 266 e 267.

[248] No mesmo sentido, FIGUEIREDO DIAS / PAULA OLIVEIRA: 2011, 23; FREITAS DO AMARAL: 2008, 79; CALVÃO DA SILVA: 2008, 26 e ESTEVES DE OLIVEIRA: 1984, 31.

*Liberal* como "*Estado Polícia*", "*Estado guarda-nocturno*" (LASSALLE), um "*Estado mínimo*" ou um "*Estado abstencionista*"[249].

Quanto aos mecanismos conformadores da *actividade jurídico-económica*, verificamos a mobilização de *mecanismos unilaterais* e *autoritários* como formas de acção típicas de *administração económica*[250], designadamente, no domínio das *tarefas de polícia administrativa*. Não é irrelevante, assim, a existência de uma *administração autoritária e agressiva*[251], cujos *limites* eram encontrados na esfera da *propriedade* e do *contrato*, entendidos como "suporte legal e único da economia"[252].

### 2.1.3. *Estado Social*

Os principais objectivos do paradigma de "*Estado Social*" centram-se, designadamente, na necessidade de um *desenvolvimento económico* (*v.g.*, através de uma *Administração Pública Empresarial*)[253], do *bem-estar* e da *justiça social* (*welfare state*), através da assunção de uma *responsabilidade pública de execução*[254] ao nível de *tarefas prestacionais*[255]. Consequentemente, e para assegurar aqueles objectivos, cresce a utilização de *expedientes privatísticos* por parte da *Administração* – fenómeno referido na doutrina como o início da "*fuga para o direito privado*"[256] – que dita, especialmente em França na década

[249] Segundo a doutrina, verifica-se, nesta época, uma "clara demarcação entre as esferas de *actuação pública* (ou *de interesse público*), reservada ao Estado, e de *actuação privada* (ou *de interesse privado*), reservada aos cidadãos". Cf. PEDRO GONÇALVES: 2005, 141.

[250] Cf. VITAL MOREIRA: 1996, 32 e BARBOSA DE MELO: 1984, 24.

[251] Cf. VASCO PEREIRA DA SILVA: 1998, 40.

[252] Cf. MANUEL AFONSO VAZ: 1998, 46.

[253] O fenómeno das *nacionalizações* das décadas de 70 e 80 determinou a necessidade de uma gestão activa dos meios de produção. É neste sentido que surge o *Sector Empresarial do Estado* e com ele a necessidade de uma gestão pautada por critérios de *eficiência* e *eficácia*, desenvolvendo-se, enquanto regime jurídico geral susceptível de derrogações, pelo *direito privado*. Salientando a existência de um espaço de iniciativa económica pública expressamente garantida segundo o art. 83.º da C.R.P., *V.*, PAULO OTERO: 1998, 114.

[254] Sobre o conceito, *V.*, PEDRO GONÇALVES: 2008, 165 e ss.

[255] Neste sentido, CABRAL DE MONCADA: 2012a, 31 e PAULO OTERO: 2001, 35. Salientando a *responsabilidade pública de execução* ao nível das tarefas prestacionais como parte integrante da função administrativa, MANUEL AFONSO VAZ: 1998, 58 e ZIPPELIUS: 1997, 468.

[256] O recurso a institutos jurídicos característicos do direito privado, designadamente, o contrato, determina a emergência de uma nova realidade no âmbito do *Direito Administrativo*: o *Direito Privado Administrativo*. Os primeiros passos para a construção e explicação jurídica

de 60[257], a emergência de uma Administração *concertada*[258], *constitutiva*, *participativa* ou de *prestações*[259], designadamente, nos domínios de *intervenção pública na economia*[260].

Na doutrina, o paradigma inerente ao *Estado Social* implica uma "lógica de cooperação e de *acção concertada* que se expressa através de complexos processos de integração, de osmose e de interpenetração"[261]. Como consequência, a *negociação* ascende a "instrumento imprescindível na tarefa de administrar"[262]. Deste modo, a figura do *contrato* adquire destaque e emerge como "*modus agendi* do Estado social"[263].

A *contratualização* passa a ser entendida como o *meio* privilegiado de *intervenção económica*[264] do *Estado* na *economia* – sendo irrelevante a natureza *pública* ou *privada* dos sectores económicos[265]. Todavia, as técnicas de *intervenção*

desta realidade surge na Alemanha, através da *doutrina dos dois níveis* (« Zweistufentheorie»), proposta por Ipsen. Tentava-se, deste modo, proceder a um enquadramento jurídico das *subvenções* atribuídas com a finalidade de permitir a reconstrução do pós-guerra. Propôs-se, assim, a divisão daquela *relação jurídica* em dois níveis: a primeira traduzir-se-ia numa decisão jurídico-pública de fundamentação, por via de um acto administrativo e, subsequentemente, num segundo nível, na celebração de um negócio jurídico-civil de execução do primeiro. Cf. Maria João Estorninho: 1999, 109 e ss. Para uma análise às críticas desta teoria, V., Vieira de Andrade: 2011a, 70 e Rogério Soares: 1978, 19 e 20. Referindo uma vinculação do *Direito Privado Administrativo* a diversos *princípios jurídicos fundamentais*, Maria João Estorninho: 1999, 231 e ss; Cabral de Moncada: 2012b, 26; Sérvulo Correia: 1987, 390 e Afonso Queiró: 1976, 185 e 186.

257 Cf. Bolado: 2001, 166.

258 Designadamente na emergência do *acto administrativo misto*, ou seja, negociado com os destinatários. Cf. Vasco Pereira da Silva: 1998, 134 e ss.

259 Neste sentido, Vieira de Andrade: 2011a, 20; Figueiredo Dias / Paula Oliveira: 2011, 24; Calvão da Silva: 2008, 30; Maria João Estorninho: 1999, 101; Pereira da Silva: 1998, 78 e Rogério Soares: sem data, 29.

260 Neste sentido, Ortega: 2005, 22; Vasco Pereira da Silva: 1998, 77; Manuel Afonso Vaz: 1998, 60; Sousa Franco / Guilherme d'Oliveira Martins: 1993, 219 e ss; Sousa Franco: 1988, 296; Laubadère: 1985, 411e Esteves de Oliveira: 1984, 35.

261 Cf. Pedro Gonçalves: 2005, 141.

262 Cf. García Enterría / Ramon Fernández: 2002, 677

263 Cf. Casalta Nabais: 1994, 16. No mesmo sentido, Cabral de Moncada: 2012a, 35; Ortega: 2005, 30 e Ferreira de Almeida: 1979, 605.

264 Sobre o conceito, Eduardo Paz Ferreira: 2001, 297.

265 No mesmo sentido, García Enterría / Ramon Fernández: 2002, 675 e 676 e Ferreira de Almeida: 1979, 605.

*pública na economia*, (*intervencionismo*, *dirigismo* ou *planificação*)[266] não serão uniformes em todos os ordenamentos jurídicos[267], sendo na Europa do *pós Segunda Guerra Mundial* que se multiplicam as *políticas de planificação da economia*[268]. O destaque é atribuído à figura do *Plano*[269], entendido como "instrumento de direcção dos agentes económicos públicos e privados"[270], que encontra como principal *mecanismo de execução* o *contrato económico*[271]. Este, por sua vez, será objecto de diferentes compreensões. Assim, se para os *países soviéticos* o *contrato económico* adquire relevância no *sector colectivizado da economia*, através da celebração de *contratos* entre *empresas públicas* – os contratos-programa[272]-, para o *ordenamento jurídico francês*, em virtude da flexibilidade de execução do *Plano*[273], a figura dos *contratos económicos* será entendida como uma *terceira via entre o autoritarismo do socialismo e a anarquia de um certo liberalismo*[274]. No *ordenamento jurídico português*, como veremos, a figura do *contrato económico* também vai merecer a atenção da doutrina[275].

[266] Sobre cada um deste conceitos, *V.*, Sousa Franco / Guilherme d'Oliveira Martins: 1993, 219 e ss.

[267] No mesmo sentido, Ortega: 2005, 22.

[268] Sobre o seu conceito, Cabral de Moncada: 1985, 10 e ss. No mesmo sentido, Santos / Gonçalves / Marques: 2011, 190; Manuel Afonso Vaz: 1998, 57 e Sousa Ribeiro: 1978, 165 e 166. Expondo os contornos jurídicos da *planificação* nos E.U.A., França, Itália e nos países de Leste, Cabral De Moncada: 1985, 21 e ss.

[269] A figura do *Plano* caracteriza-se pela sua controvérsia relativamente à sua *natureza jurídica*. Esta visa delimitar os objectivos a prosseguir no domínio económico-social durante um determinado período de tempo, estabelecendo as acções e os mecanismos necessários à sua implementação. Neste sentido, Santos / Gonçalves / Marques: 2011, 189 e Barbosa de Melo: 1984, 39

[270] Cf. Cabral de Moncada: 2012b, 92.

[271] Esta caraceristica é entendida na doutrina como um dos aspectos da diversidade de formas de imperatividade do Plano. Cf. Marcelo Rebelo de Sousa: 1986, 22 e 23. Sobre a figura do contrato económico, *V.*, Cabral de Moncada: 2012a, 630; *Idem*: 1985, 129 e Ataíde: 1970, 225.

[272] Cf. Ferreira de Almeida: 1979, 606 e Sousa Ribeiro: 1978, 177, nota 32.

[273] Cf. Cabral de Moncada: 2012b, 135.

[274] Cf. Cabral de Moncada: 1985, 131. Para uma análise da figura do contrato económico no ordenamento jurídico francês *V.*, Manuel Afonso Vaz: 1998, 373 e ss.

[275] Designadamente, Sérvulo Correia: 1986, 95 e ss.

### 2.1.4. *Estado Regulador*

Nos finais do séc. XX, com a queda dos regimes comunistas e a crescente *liberalização* e *privatização* de sectores públicos essenciais (*public utilities*) nos E.U.A e posteriormente na Europa, surge um novo paradigma de *Estado*: o *Estado Regulador*[276]. A sua principal preocupação consiste na *regulação*[277] do *mercado* e da *concorrência*, com o objectivo de eliminar as "*market failures*"[278].

Como salienta a doutrina, com o paradigma de *Estado Regulador* assiste-se a uma "redução do papel do Estado na economia e da convocação e revalorização do mercado, assim como da concorrência, em virtude das privatizações, das liberalizações e da eliminação ou atenuação do controlo público sobre a produção e mercado"[279]. Desta forma, cabe ao *Estado* a "missão fundamental de desmontar as barreiras de acesso ao mercado e de facilitar o desenvolvimento das liberdades económicas, não através da regulação, mas da desregulação"[280].

É deste modo que assistimos à emergência de um novo tipo de *responsabilidade pública*: a *responsabilidade pública de garantia*, responsabilidade assegurada constitucionalmente através do *Estado*[281]. Na verdade, as exigências de *continuidade*, *igualdade* e *mutabilidade* na satisfação de necessidades sociais (*v.g.*, energia ou telecomunicações), entendidas agora como *Serviços de Interesse Económico Geral*[282] e prestados pelo *sector privado* – nacional ou estrangeiro[283] –, determinam a necessidade de salvaguardar *direitos e interesses legalmente protegidos* dos cidadãos – através de uma *Administração prospectiva* e

[276] Neste sentido, VIEIRA DE ANDRADE: 2011a, 14; CALVÃO DA SILVA: 2008, 40 e GOMES CANOTILHO: 2001b, 707. Justificando o paradigma de *Estado Regulador* segundo a *al. f)* do art. 81.º da C.R.P., CABRAL DE MONCADA: 2012a, 56. Referindo-se à globalidade do art. 81.º da C.R.P. como norma que evidencia o paradigma de *Estado regulador*, GOMES CANOTILHO / VITAL MOREIRA: 2007, 972 e 973.

[277] Para uma análise ao conceito, MARTA VICENTE: 2012, 13 e ss; PEDRO GONÇALVES: 2006, 540 e VITAL MOREIRA: 1996, 76.

[278] Neste sentido, PEDRO GONÇALVES: 2013, 13; *Idem*: 2005, 169; CABRAL DE MONCADA: 2012a, 55; SUZANA TAVARES DA SILVA: 2008a, 122 e 123 e ORTEGA: 2005, 25 e 26.

[279] Cf. VITAL MOREIRA: 1996, 50 e 51.

[280] Cf. PEDRO GONÇALVES: 2013, 17

[281] Cf. PEDRO GONÇALVES: 2005, 168 e ss.

[282] Cf. SUZANA TAVARES DA SILVA: 2012, 5 e PEDRO GONÇALVES: 2006, 537 e 538.

[283] Salientando a emergência do *IE* através desta característica, BENDE-NABENDE: 2002, 135; ALESSANDRINI: 2000, 14; MAH / TAMULAITIS: 2000, 122 e 123; SMEETS: 2000, 1 e SHIHATA: 1993, 2.

*independente*[284], cuja actuação adquire *eficácia em relação a terceiros*[285] – designadamente, no *acesso* e *prestação* daqueles serviços.

A *garantia* do correcto funcionamento do *mercado* e da *concorrência* vai evidenciar, por outro lado, a existência, já retratada por ROGÉRIO SOARES, de uma *sociedade tecnológica*, ou mais recentemente, de uma sociedade de *risco*, em *rede*[286], necessitada de *diferentes formas de regulação* ("*feudalismo jurídico*")[287] que traduzam respostas *eficazes* e *eficientes*. Esta realidade faz com que alguns autores conceptualizem a característica da *garantia* como um *elemento que transcende* o *paradigma de Estado Regulador*. Refere-se, deste modo, a existência de um paradigma de *Estado Garantidor*[288], que surge como "uma *verdadeira alternativa ao Estado regulador*"[289]. A base do raciocínio desta *nova dogmática* deriva de novos desafios na *regulação*, uma vez que não se traduzem apenas em meros mecanismos de *Estado regulador económico*, mas que demonstram um *Estado incentivador do mercado*, um *Estado orientador de comportamentos* e um *Estado garantidor do bem-estar*[290].

A *responsabilidade pública de garantia* também necessita de ser articulada com o fenómeno da *globalização jurídico-económica* e correspondentes *relações transnacionais*. Entendemos, com SABINO CASSESE, que existe uma "dissipação" internacional dos poderes do *Estado*. Segundo o autor, se antes "era soberano [o Estado] no que se referia à economia, agora perdeu essa posição justamente a favor da economia; antes ele era principalmente pedagogo, agora é sobretudo regulador, e o governo da economia que antes era unitário, passou a ser fragmentado"[291].

[284] Cf. PEDRO GONÇALVES: 2006, 548. Sobre a Administração Independente e os seus desafios, V., CASSESE: 2010, 36 e ss e LUCAS CARDOSO: 2002.

[285] Cf. VASCO PEREIRA DA SILVA: 1998, 136.

[286] Cf. VIEIRA DE ANDRADE: 2011a, 22 e MARIA DA GLÓRIA F. P. D. GARCIA: 2009, 227 e ss.

[287] Referimo-nos, designadamente, à *regulação sectorial* e à *regulação transversal*. Esta característica, para a doutrina italiana, determina a existência de um novo feudalismo jurídico composto por vários sistemas regulatórios. Neste sentido, DOMENICHELLI: 2004, 1 e ss.

[288] Questionando esta possibilidade, GOMES CANOTILHO: 2008, 571. Dando como exemplo o sector da energia como uma refracção do Estado Garantidor, SUZANA TAVARES DA SILVA: 2012, 6 e 7.

[289] Cf. SUZANA TAVARES DA SILVA: 2008a, 12.

[290] Cf. SUZANA TAVARES DA SILVA: 2008a, 4 e 5. Salientando alguns destes aspectos, GOMES CANOTILHO: 2008, 573.

[291] Cf. SABINO CASSESE: 2010, 45.

Tendo em conta o pensamento do autor referido, entendemos que os *conceitos tradicionais* de *Estado*[292] e de *soberania*[293] necessitam de ser articulados com *novos conceitos*, designadamente, os conceitos de "*governança*"[294] e de "*policentrismo na produção normativa*"[295]. Esta necessidade determina, por exemplo, que o *princípio da subordinação do poder económico ao poder político democrático*[296] se adapte ao fenómeno que a *doutrina italiana* designa como "*mercatizzazione dei poteri pubblici*"[297] no âmbito das relações *económico- internacionais*[298].

### 2.1.4.1. Novos desafios no Direito Administrativo

O fenómeno da *globalização jurídico-económica*[299] também determina a existência de *transformações*[300] no âmbito do *direito administrativo*[301]. Problemas como a "normatividade em rede" colocam em evidência a existência de uma

[292] No âmbito do direito internacional público, refere-se a existência da *teoria dos três elementos* para caracterizar o *Estado*, ou seja, o *povo*, o *território* e um *governo soberano*. Cf. JÓNATAS MACHADO: 2006, 185.

[293] O entendimento tradicional de *soberania*, segundo os pressupostos teorizados no séc. XVI por BODIN, assenta no caracter perpétuo, absoluto, indivisível, próprio e não delegado. Para uma análise às posições de BODIN, *V.*, FREITAS DO AMARAL: 2006, 323 e ss.

[294] Cf. SCHMIDT-ASSMANN: 2006, 21. Para uma análise à noção de *governança*, SABINO CASSESE: 2010, 26 e ss e MARIA DA GLÓRIA F. P. D. GARCIA: 2009, 157.

[295] VIEIRA DE ANDRADE: 2011a, 24 MARIA DA GLÓRIA F. P. D. GARCIA: 2009, 25.

[296] Trata-se de um princípio constitucional consagrado na *al. a*) do art. 80.º C.R.P.). No entanto, e como observa a doutrina, o "poder económico só [é] subordinável ao poder político democrático desde que este o possa controlar, o que depende quer da dimensão que aquele assuma, quer das posições que ocupe na organização económica". Cf. GOMES CANOTILHO / VITAL MOREIRA: 2007, 957.

[297] A expressão é de SABINO CASSESE: 2005b, 601 e ss

[298] No mesmo sentido, SABINO CASSESE: 2010, 41; MARIA DA GLÓRIA F. P. D. GARCIA: 2009, 30; GOMES CANOTILHO: 2008, 575 e ZIPPELIUS: 1997, 85.

[299] Apelando à necessidade de o *direito administrativo económico* ter em consideração a *globalização*, ORTEGA: 2005, 46.

[300] Segundo ROGÉRIO SOARES, o direito administrativo deve adoptar uma atitude activa no âmbito da concretização deste direito. Cf. ROGÉRIO SOARES: 2008, 46.

[301] É comum na doutrina portuguesa a caracterização do *direito administrativo* com um *direito estatutário*, ou seja, um direito que regula em primeira linha a organização e funcionamento da Administração Pública. Neste sentido, FREITAS DO AMARAL: 2008, 140; SÉRVULO CORREIA: 1987, 394; ESTEVES DE OLIVEIRA: 1984, 60 e AFONSO QUEIRÓ: 1976, 119.

*"governance without government"*[302]. Fala-se, por isso, de uma "retracção do princípio da legalidade administrativa"[303] e, como consequência, da *decrescente legitimidade das actuações administrativas.*

Estas características determinam, nos termos propugnados pela doutrina *germânica*, a emergência de um *novo direito administrativo*[304] cuja construção é fundamentada em fenómenos como (*i*) as *privatizações*, (*ii*) a *internacionalização* e (*iii*) *europeização jurídica*. Na verdade, assistimos a uma *erosão* do entendimento tradicional do *princípio da territorialidade* no âmbito das *relações jurídico-administrativas*[305] que deriva do fenómeno da *internacionalização da Administração*[306] e das correspondentes *relações jurídico-administrativas transnacionais*[307] – *v.g.*, Direito Económico, Direito do Ambiente ou no Direito dos Valores Mobiliários[308].

### 2.1.4.1.1. Direito Administrativo Global

O *Direito Administrativo Global* é um dos exemplos que ilustra as transformações que estão a ocorrer no *direito administrativo*[309]. Trata-se de um *direito* que resulta de *redes de cooperação globais* – *"soft law"* –, designadamente no domínio da *internet*, *telecomunicações*, *energia*, *sistema financeiro* e *ambiente*, e que estabelece *standards normativos* em matérias *organizatórias*, *procedimentais*

[302] No mesmo sentido, Gomes Canotilho: 2009, 101. Referindo à *fragmentação dos poderes públicos* como um dos principiais problemas dos ordenamentos jurídicos modernos, Sabino Cassese: 2010, 32.

[303] Cf. Pedro Gonçalves: 2006, 552. No mesmo sentido, Suzana Tavares da Silva: 2008a, 94 e ss e Gomes Canotilho: 2003, 723.

[304] Dando conta deste facto, Vieira de Andrade: 2011a, 24; Figueiredo Dias / Paula Oliveira: 2011, 36 e Suzana Tavares da Silva: 2012: 7; *Idem*: 2010a, 56 e *Idem*: 2010b.

[305] Para uma análise ao *princípio da territorialidade* no âmbito das *relações jurídico-administrativas* na década de 70, *V.*, Afonso Queiró: 1976, 528 e ss.

[306] Neste sentido, Sabino Cassese: 2010, 16 e ss. e Schmidt-Assmann: 2006, 7

[307] Para uma análise ao conceito de *acto administrativo transnacional* no domínio do direito europeu, Suzana Tavares Da Silva: 2010a, 91.

[308] Dando exemplos neste domínio, Paulo Otero: 2005, 781 e ss.

[309] Neste sentido, Suzana Tavares da Silva: 2010b, 20; *Idem*: 2008a, 101; Kingsbury / Krisch / Stewart: 2005, 17; Pedro Gonçalves: 2005, 106; Sabino Cassese: 2005a e Stewart: 2005.

e *processuais*, que são *posteriormente* acolhidos nos *ordenamentos jurídicos nacionais*[310].

Esta realidade, no entender de SUZANA TAVARES DA SILVA, determina a "necessidade de subordinar as decisões da *domestic administrative regulation* aos princípios gerais de direito global (à *global administrative law*), como forma de garantir a protecção da confiança – e soluções jurídicas novas – revelação de novos princípios gerais de direito administrativo e a subordinação dos actos de poder público ao controlo jurisdicional de entidades supranacionais"[311].

No que diz respeito ao *IE*, também é possível encontrar autores que qualificam a *arbitragem internacional do IE* como uma forma de *direito administrativo global*[312]. Partindo de uma *noção ampla* deste *conceito*[313], é possível salientar que esta *corrente doutrinal* é sustentada por dois argumentos. O *primeiro argumento* sustenta que o âmbito da arbitragem da *Convenção de Washington* funciona como um *mecanismo de revisão administrativa* do *exercício de poderes públicos de autoridade* entre um *Estado* e um *investidor estrangeiro*[314]. Por outro lado, e como *segundo grande argumento*, a análise ao *exercício de poderes públicos de autoridade* dos *Estados* é contextualizada segundo *regras e princípios próprios*, demonstrando que o recurso aos *sistemas jurisdicionais internos* é *irrelevante* para desencadear uma *arbitragem internacional*[315].

#### 2.1.4.1.2. Direito Administrativo Europeu

A *europeização do direito administrativo*[316] é outra característica que demonstra as transformações do *direito administrativo*. A influência europeia ao nível da implementação de *políticas públicas* é tão forte que a doutrina refere

310 Neste sentido, KINGSBURY / KRISCH / STEWART: 2005, 16 e SABINO CASSESE: 2002, 11 e 12.

311 Cf. SUZANA TAVARES DA SILVA: 2010b, 26 e 27.

312 Cf. HARTEN / LOUGHLIN: 2006, 122 e KINGSBURY / KRISCH / STEWART: 2005, 36 e 37.

313 Cf. HARTEN / LOUGHLIN: 2006, 122 e KINGSBURY / KRISCH / STEWART: 2005, 36 e 37.

314 Esta posição é sustentada nas decisões arbitrais que decorreram da crise Argentina, designadamente pela análise à legalidade e equidade das condutas adoptadas pelo Governo Argentino.

315 Neste sentido, GUS VAN HARTEN / MARTIN LOUGHLIN: 2006, 148 e 149. Salientando o *Direito Administrativo Global* como uma *função de policiamento*, KINGSBURY / KRISCH / STEWART: 2005, 45.

316 Sobre o tema, *V.*, SUZANA TAVARES DA SILVA: 2010a. Aludindo a esta questão, PEDRO GONÇALVES: 2006, 550 e ss.

a existência de um *direito administrativo sem Estado*[317], o que, por sua vez, constituirá um paradoxo para os autores, como FRITZ WERNER e VITAL MOREIRA, que configurem o *direito administrativo* como *direito constitucional concretizado*[318].

Uma das peculiaridades inerentes ao *direito administrativo europeu* é a existência de uma "coadministração"[319]. Esta característica verifica-se nas relações que se estabelecem entre as *Instituições Europeias* e as *Administrações dos Estados-membros – relações verticais ou multi-níveis –*, mas também de *efeitos transnacionais* que resultam de *decisões administrativas nacionais* das várias *Administrações dos Estados-membros – relações horizontais*[320]. O principal mecanismo de ligação deste tipo de relações são os *princípios*[321] que, deste modo, constituem um *direito administrativo em rede*[322].

Algumas das características do *direito administrativo europeu* também estão presentes no domínio do *IE*. Segundo o Regulamento (UE) n.º 1219/2012 do Parlamento Europeu e do Conselho, de 12 de Dezembro de 2012, *que estabelece as disposições transitórias para os acordos bilaterais de investimento entre os Estados-membros e países terceiros*, verificamos a existência de mecanismos de "coadministração".

No que diz respeito às *relações verticais ou multi-níveis*, ou seja, às relações que são estabelecidas entre as *Administrações de cada Estado-membro* e as *Instituições Europeias*, designadamente, a *Comissão Europeia*, verificamos que existe a necessidade de desencadear um *procedimento*, tido como *complexo*[323], de *autorização para alterar ou celebrar acordos bilaterais de investimento*[324]. Por

[317] Referimo-nos a COLAÇO ANTUNES: 2008, 61 e ss. Salientando esta característica no ordenamento jurídico espanhol, TOMÁS-RAMÓN FERNÁNDEZ: 2001, 14

[318] Cf. VITAL MOREIRA: 1998, 1142 e ss.

[319] A expressão é de VIEIRA DE ANDRADE: 2011a, 23. De salientar que esta necessidade encontra-se actualmente consagrada no art.º 19 do novo CPA.

[320] Neste sentido, SUZANA TAVARES DA SILVA: 2010a, 91 e COLAÇO ANTUNES: 2008, 61 e ss.

[321] Referimo-nos a princípios como o princípio do *efeito útil*; da *preferência aplicativa*; da *interpretação conforme*; da *colaboração leal* e da *confiança mútua entre Administraçõe*. Neste sentido, SCHMIDT-ASSMANN: 2006, 31.

[322] Salientando este aspecto, FIGUEIREDO DIAS / PAULA OLIVEIRA: 2011, 34 e 35; SUZANA TAVARES DA SILVA: 2010a, 35 e ss e *Idem*: 2008a, 8, nota 36.

[323] Cf. NIKOS LAVRANOS: 2010, 15.

[324] O procedimento para *alterar ou celebrar acordos bilaterais de investimento* é extremamente complexo. Atendendo ao REGULAMENTO (UE) N.º 1219/2012 do PARLAMENTO EUROPEU E DO CONSELHO, de 12 de Dezembro de 2012, este procedimento inicia-se com a *notificação*

outro lado, ao nível das *relações horizontais*, ou seja, ao nível das relações entre as várias Administrações de cada Estado-membro, não é difícil configurar a existência de *violações das regas de concorrência* na *atribuição de incentivos financeiros ou fiscais ao IE* que originarão, deste modo, a existência de *efeitos transnacionais* com impacto no *mercado interno* europeu.

## 2.2. A *ratio* incentivadora do *IE* no ordenamento jurídico português

Como já tivemos a oportunidade de referir, a *planificação jurídico-económica* do séc. XX encontra o seu principal *instrumento conformador* na figura do *Plano*. Na versão original da C.R.P. 1976 o *Plano* representava uma *função de ordenação e disciplina* da *actividade económica*[325]. Através do então art. 92.º, esta figura surgia como um *instrumento unitário de direcção central ao nível macroeconómico*[326], cuja força jurídica, no entanto, era variável[327]. Associado à figura do *Plano*, através de uma *relação de dependência*, surgia a *"actividade económica e investimentos estrangeiros"*, epígrafe do então art. 86.º da C.R.P., que demonstrava uma lógica de *submissão* entre o *IE* e as *opções jurídico--económicas* do *Estado*.

Com a segunda *revisão constitucional* (1989), a referência ao instituto jurídico do *Plano*, assim como a sua relação com o *IE*[328], deixa de configurar na Constituição com a caracterização que lhe era inerente[329]. Actualmente entendida como uma *garantia institucional*[330], a figura dos *Planos* (nacionais, regionais e das autarquias locais) representa *uma planificação democrática*

por parte das Administrações de cada Estados-membros à Comissão Europeia, surgindo como fundamental quer na fase da mera *intenção* de proceder a uma alteração (art. 8.º), quer na fase da *celebração* (art. 11.º).

[325] Salientando esta característica no âmbito do Direito Económico, *V.*, IÑIGO DEL GUAYO CASTIELLA: 2006, 241.

[326] Neste sentido, CABRAL DE MONCADA: 2012a, 677; *Idem*: 2012b, 91 e 92; SANTOS / GONÇALVES / MARQUES: 2011, 191 e VITAL MOREIRA, 2006, 38.

[327] Entendia-se que a *força jurídica do Plano* era *imperativa* para o *sector público* (com certas especificidades); *contratual* para as empresas que celebrassem contratos-programa com o Estado e *indicativa* para os restantes casos. Sobre o assunto *V.*, MOTA PINTO: 1982, 28.

[328] Com a segunda revisão constitucional, o art. 87.º da C.R.P., inerente à *actividade económica e investimentos estrangeiros*, deixa de estar subordinado expressamente à figura dos *Planos*, ou seja, deixa de existir uma *relação de dependência* entre a *planificação jurídico-económica* e o *IE*.

[329] No mesmo sentido, VITAL MOREIRA: 2006, 38 e 39.

[330] Cf. GOMES CANOTILHO / VITAL MOREIRA: 2007, 1032.

*da economia*[331]. Retratam um "conjunto de documentos meramente estratégicos, apenas orientadores da actividade estatal"[332], não sobreponíveis à actividade económica[333]. Consequentemente, refere-se a existência de uma "metamorfose" jurídico-económica da C.R.P. de 1976[334].

A necessidade de *incentivar* e *atrair IE* não se compadece com "*lógicas de submissão*". Existe a necessidade de *estímulos económicos dinâmicos*[335] que permitam a *manutenção e criação de postos de trabalho*, a *redução de custos de contexto*, que incentivem a *qualificação profissional* ou a *dinamização do sector das exportações*. A *lógica* que deve envolver o *Estado* no domínio do *IE* é uma lógica de "*Estado-parceiro*"[336], de *promoção, estabilidade, flexibilização* e *coordenação de resultados*, que promovam a *iniciativa privada*, designadamente, através de uma *programação estratégica cooperante* no domínio de *políticas públicas*[337].

É deste modo que a figura dos *contratos económicos* adquire um novo significado no que diz respeito ao *exercício da função dirigente*[338]. Influenciada na emergência de um "*Estado cooperativo*"[339], enquanto mecanismo de *promoção*

[331] Actualmente, a figura dos *Planos* surge como *limite material de revisão constitucional* (*al. g)* do art. 288.º da C.R.P.); como um dos *princípios fundamentais da organização económica* (*al. e)* do art. 80.º da C.R.P.) e como uma das *incumbências prioritárias do Estado* no domínio económico-social (*al. j)* do art. 81.º da C.R.P.).

[332] Cf. Cabral de Moncada: 2012b, 92

[333] A doutrina salienta a existência de uma progressiva *desvalorização do planeamento* como consequência da *livre iniciativa privada* confirmada pela *al. f)* do art. 4.º da L. n.º 43/91, de 27 de Julho, que estabelece a *Lei-quadro do Planeamento*. Neste sentido, Cabral de Moncda: 2012a, 69; Santos / Gonçalves / Marques: 2011, 193; Gomes Canotilho / Vital Moreira: 2007, 1032 e Jorge Miranda / Rui Medeiros: 2006, 131. Defendendo que os mesmos possam ser vinculativos para o Governo e para a Administração, *V.*, Gomes Canotilho / Vital Moreira: 2007, 1033.

[334] Dando conta desta ocorrência, Vital Moreira: 2006, 33 e ss.

[335] A doutrina fala em fomento económico. tido na doutrina como um modo de *intervenção indirecta do Estado* Neste sentido, Cabral de Moncada: 2012a, 583; *Idem*: 2012b: 49; Manuel Afonso Vaz: 1998, 367; Ramon Parada: 1997, 459 e 460 e Mota Pinto: 1981, 159 e 160. e configurado como uma *actividade administrativa de estímulo positivo* Neste sentido, Cabral de Moncada: 2012a, 583 e 584; *Idem*: 2012b, 207 e Ataíde: 1970, 111

[336] A expressão é de Suzana Tavares da Silva: 2008a, 107 e ss.

[337] Neste sentido, *V.*, Ramon Parada: 1997, 465.

[338] Cf. Suzana Tavares da Silva: 2008b, 911 e 912.

[339] Segundo Suzana Tavares da Silva, este novo tipo de relações emerge a partir da década de 80 como resultado das relações entre o Estado e a economia. Cf. Suzana Tavares da Silva: 2008a, 107 e ss.

e *flexibilização* de *políticas públicas*, a figura dos *contratos económicos* passa a reflectir a necessidade de obter uma *coordenação de resultados* através de uma *função orientadora e incentivadora*[340].

## 2.3. Contratos Económicos

São vários os *contratos* que a doutrina qualifica como *"contratos económicos"*. Entre estes, destacam-se o *Contrato-Programa*, o *Contrato de Desenvolvimento*, o *Contrato Fiscal* e o *CI*[341]. Uma das características que se atribui aquela realidade contratual é a dificuldade na determinação da sua *natureza jurídica* (pública / privada)[342]. Por outro lado, a caracterização dos *contratos económicos* como verdadeiros *contratos*[343] também não é unânime. O problema deriva da influência do *ordenamento jurídico francês*, uma vez que neste ordenamento jurídico o conceito de *contrato económico* integra outras realidades que extravasam o *âmbito contratual*[344] – *actos unilaterais, meras declarações conjuntas*, ou *actos-condição*[345]. No entanto, como refere a doutrina, todas

[340] A existência de uma *função orientadora e incentivadora* no domínio económico é dada através das diversas estratégias de *desenvolvimento público* que vão sendo adoptadas, designadamente, a *Estratégia para o Crescimento, Emprego e Fomento Industrial* 2013- 2020; na *Estratégia Nacional para os Recursos Geológicos* até 2020; na *Estratégia Nacional para a Energia* até 2020; no *Plano Estratégico para os Transportes* até 2020 e na *Estratégia Nacional para o Mar* até 2030.

[341] Cf. Santos / Gonçalves / Marques: 2011, 203 e ss e Sérvulo Correia: 1987, 422 e ss.

[342] Sérvulo Correia refere-se aos *contratos de atribuição* celebrados com *fins de intervenção económica* a possibilidade de serem designados como *contratos económicos*. O autor refere, assim, a possibilidade de alguns destes contratos constituírem verdadeiros *contratos administrativos*. Cf. Sérvulo Correia: 1987, 422. Questionando apenas a possibilidade, Sousa Franco: 1988, 337 e 338. Para uma *visão privatística* da *natureza jurídica dos contratos económicos*, Eduardo Paz Ferreira: 2001, 350. Salientando uma *natureza jurídica sui generis*, Santos / Gonçalves / Marques: 2011, 203 e Ferreira de Almeida: 1979, 644.

[343] No âmbito do direito privado, Antunes Varela define contrato como *"acordo vinculativo, assente sobre duas ou mais declarações de vontade* (*oferta* ou *proposta*, de um lado; aceitação, do outro), *contrapostas mas perfeitamente harmonizáveis entre si, que visam estabelecer uma composição unitária de interesses"* Cf. Antunes Varela: 2008, 212. Já no âmbito do direito público, Sérvulo Correia define contrato como *"acordo, vinculativo por força da lei, assente sobre duas ou mais declarações de vontade, contrapostas mas perfeitamente harmonizáveis entre si, que vise criar, modificar ou extinguir relações jurídicas"*. Cf. Sérvulo Correia: 1987, 344.

[344] Cf. Sousa Ribeiro: 1978, 190. Para uma análise à figura das *actuações informais*, *V.*, Suzana Tavares da Silva: 2008b.

[345] Cf. Sérvulo Correia: 1986, 96. Dando conta deste facto, Cabral de Moncada: 2012a, 623; *Idem*: 2012b, 211; *Idem*: 1985, 135; Santos / Gonçalves / Marques: 2011, 203;

as *figuras* susceptíveis de disciplinar juridicamente os *contratos económicos* apresentam um *elemento comum*, ou seja, o "fim de intervenção económica e a formação segundo um procedimento negocial"[346].

No ordenamento jurídico português, a análise às *características genéricas dos contratos económicos* não merece grande atenção por parte da doutrina[347]. Relativamente à questão de se saber se os *contratos económicos* são, ou não, verdadeiros *contratos*, constatamos que existem duas teses "antagónicas". Neste sentido, existe uma "*tese contratualista*", que caracteriza os *contratos económicos* como verdadeiros *contratos*, e uma "*tese anti-contratualista*", que caracteriza os "*contratos económicos*" como *actos-condição*.

### 2.3.1. A tese do *contrato*

A maioria da doutrina portuguesa que analisa os *contratos económicos* caracteriza esta tipologia contratual como verdadeiros *contratos*[348]. Como refere Ferreira de Almeida, "não oferece dúvidas qualificar os modelos portugueses descritos [*contratos económicos*] como verdadeiros contratos"[349]. Na verdade, esta posição harmoniza-se com a própria definição de *contrato económico* proposta por Sérvulo Correia – "*contrato celebrado entre pessoas colectivas integradas na Administração Pública, ou entre estas e particulares, no*

Sérvulo Correia: 1987, 344; *Idem*: 1986, 96; Laubadère: 1985, 426 e Ferreira de Almeida: 1979, 636 e ss. Referindo a impossibilidade de uma afirmação, em bloco, de que todo e qualquer *contrato económico* constitui um verdadeiro *contrato V.*, Sousa Ribeiro: 1978, 189.

346 Cf. Sérvulo Correia: 1986, 96.

347 Uma das principais excepções a esta realidade é dada por Barbosa de Melo. Este autor entende que as principais características do *contrato económico* são: (*i*) a regulação de interesses de amplos conjuntos de pessoas individualmente indeterminadas, as massas, apresentando, por isso, uma função colectiva e até mesmo pública; (*ii*) terem como *objecto* uma relação essencialmente dinâmica (onde a *vontade* das partes adquire um sentido prospectivo e não fixista), fazendo da decisão contratual uma "*decisão na incerteza*"; (*iii*) constitui um mecanismo de antecipação/retroacção da complexidade da realidade e da sociedade e (*iv*) apresenta uma *eficácia trans ou supralegal* uma vez que, por meio dele, a Administração garante a salvaguarda do co-contratante contra as próprias transformações legislativas. Cf. Barbosa De Melo: 1984, 35 e 36.

348 Cf. Eduardo Paz Ferreira: 2001, 349; Sérvulo Correia: 1987, 424 e 425 e Ferreira de Almeida: 1979, 638.

349 Cf. Ferreira de Almeida: 1979, 638.

*âmbito da intervenção económica pela Administração"*[350] –, cujas características demonstram *a neutralidade da sua natureza jurídica* (pública / privada).

Tendo em conta a posição da *tese contratualista*, o *CI*, doutrinalmente considerado como um subtipo de *contrato económico*, surge qualificado como um verdadeiro *contrato*. Sobre este aspecto é fundamental uma análise à posição sustentada por SÉRVULO CORREIA. Segundo o autor, o *CI* surge como um dos subtipos de *contratos económicos*[351] e apresenta-se como um *contrato administrativo de atribuição*[352] teleologicamente orientado para *fins de intervenção económica*[353].

### 2.3.2. A tese do *acto-condição*

A posição que nega um *carácter contratual* à figura dos *contratos económicos* é influenciada, como referimos, na doutrina francesa. No *ordenamento jurídico francês*, através da influência de DUGUIT e da sua *teoria dos actos jurídicos*, o conceito de *contrato* é objecto de uma *interpretação restritiva*[354]. Sendo expressamente definido no *Code Civil*, a figura do *contrato* apresenta-se como um subtipo da *convenção*[355]. Esta característica ilustra a *inexistência* da presença de um *contrato*, no *ordenamento jurídico francês*, sempre que: (*i*) se verifique a ausência de *liberdade de determinação de conteúdo*[356] e (*ii*) a relação jurídica que se visa estabelecer não esteja inserida no âmbito de *relações obrigacionais e patrimoniais*[357]. Consequentemente, entende-se que o "facto de o significado associado pela lei civil à expressão *contrato* não abranger as *factispecies*

[350] Cf. SÉRVULO CORREIA: 1986, 95 e 96.

[351] Cf. SÉRVULO CORREIA: 1987, 424.

[352] SÉRVULO CORREIA define os *contratos de atribuição* como contratos cuja causa-função visa a atribuição de uma certa vantagem ao co-contratante da Administração, sendo o interesse público manifestado através dos direitos conferidos ao contraente particular e não quanto às obrigações que assume. Segundo o autor, os *contratos de atribuição* pode ser objecto de uma subdivisão. Assim, os contratos de atribuição podem surgir como (*i*) *contratos de atribuição paritária* e (*ii*) como *contratos de atribuição subordinada*, consoante a sequência da relação nascida do acordo dependa ou não preponderantemente da vontade da Administração. Cf. SÉRVULO CORREIA: 1987, 428.

[353] Cf. SÉRVULO CORREIA: 1987, 422.

[354] Neste sentido, MARK KIRKBY: 2011, 193.

[355] Neste sentido, RICHER: 2010, 19.

[356] Neste sentido, SOUSA RIBEIRO: 1978, 193.

[357] Neste sentido, KIRKBY: 2011, 191 e 192.

negociais na legislação administrativa (...) leva a doutrina administrativa a desqualificar tais *factispecies* como verdadeiros contratos"[358].

A tentativa de transpor a doutrina francesa dos *contratos económicos* para o ordenamento jurídico português é efectuada por CABRAL DE MONCADA[359]. Segundo o autor, o *processo convencional no domínio económico* é suscetível de ser dividido entre *convenções de colaboração para fins intervencionistas* e *convenções de administração económica*[360]. Neste sentido, é no âmbito das *convenções de administração económica*, celebradas por *entidades públicas*, que os *contratos económicos*[361] adquirem relevância[362], uma vez que é neste âmbito que existe a "obtenção do particular de uma prestação ou de um comportamento conformes à política de intervenção do Estado previamente definido pelas normas orientadoras da sua actividade neste domínio"[363].

No seguimento da posição do autor, os *contratos económicos* reflectem a existência de "uma prestação que facilite à Administração o desempenho das tarefas de interesse público definidos previamente pela lei", visando atingir "objectivos normativos de política económica em zonas onde normalmente actuariam de modo unilateral. O «contrato» transforma-se no pressuposto da actuação administrativa. O acto unilateral é apenas precedido de um procedimento acordado"[364].

Negando a *estrutura contratual* dos *contratos económicos*, uma vez que não existe uma verdadeira *liberdade de determinação de conteúdo contratual*, CABRAL DE MONCADA propõe a configuração jurídica destas *relações* através da figura do *acto misto* – acto "em que se combinam ingredientes contratuais e regulamentares"[365], – subfigura do *acto-condição*[366] – "acto

[358] Cf. MARK KIRKBY: 2011, 193.

[359] Cf. CABRAL DE MONCADA: 2012b, 209 e ss; *Idem*: 2012a, 624 e *Idem:* 1985, 137 e ss.

[360] Cf. CABRAL DE MONCADA: 2012a, 623 e *Idem*: 1985, 136.

[361] Segundo CABRAL DE MONCADA, o contrato económico consiste na "participação dos particulares sob forma convencional na elaboração e execução gerais da intervenção administrativa na esfera económica, ou seja, a contratualização das relações jurídicas no âmbito da intervenção económica do Estado". Cf. CABRAL DE MONCADA: 1985, 130.

[362] Cf. CABRAL DE MONCADA: 2012a, 624 e *Idem* : 1985, 137.

[363] Cf. CABRAL DE MONCADA: 2012a, 623.

[364] Cf. CABRAL DE MONCADA: 2012a, 624.

[365] Cf. CABRAL DE MONCADA: 2012a, 625 e *Idem*: 2012b, 211 e *Idem*: 1985, 139.

[366] A figura do *acto-condição* não é uma figura desconhecida na doutrina portuguesa. Sobre ela indagaram, designadamente: SOUSA RIBEIRO, que define esta figura como "todos os actos que se limitam a atribuir por via individual uma regulamentação geral e abstracta pré-existente"

de aplicação aos casos individuais do conteúdo de regras previamente determinadas"[367].

### 2.3.3. Posição adoptada

Segundo o entendimento proposto por Cabral de Moncada a mobilização do *contrato* no âmbito dos *contratos económicos* mais não é do que "um acto administrativo preparatório que serve de ponto de partida a um acto administrativo subsequente que culmina com a aplicação à entidade privada de um regime legal ou regulamentar. O dispositivo convencional não tem efeitos contratuais"[368].

No nosso entender, a proposta de Cabral de Moncada tem o mérito de evidenciar a existência de *novas técnicas convencionais em matéria económica*. A referência ao *acto misto* traduz, como refere a doutrina francesa, uma nova forma de intervenção do Estado na política económica com o objectivo de alcançar *acordos* e *orientar metas*[369]. Todavia, para alcançar este objectivo, é necessário *agregar elementos contratuais com elementos regulamentares*[370], o que, por sua vez, traduz a erosão não só da *autonomia negocial* típica do *contrato*, mas também do *carácter unilateral* das *decisões administrativa*[371].

A debilidade argumentativa apresentada pelo autor, no nosso entender, centra-se na relevância que é atribuída à *unilateralidade das decisões da Administração*. Para o autor, o *acordo de vontades entre as partes* surge como uma "simples fase preparatória", uma "mera promessa de comportamento sob a forma convencional". Defendendo a *inalienabilidade da soberania estadual* e a consequente impossibilidade de mobilizar a *contrato* no *domínio fiscal* e no

(Cf. Sousa Ribeiro: 1978, 192); Ferreira de Almeida, entendendo como tal a "declaração de vontade das empresas [com] o efeito duma condição para desencadear as consequências pré-estabelecidas nas normas jurídicas" (Cf. Ferreira de Almeida: 1979, 636), e, mais recentemente, Mark Kirkby que, citando directamente a doutrina francesa e expondo a posição da mesma sobre esta matéria, passa a transcrever os *actos-condição* como "aqueles que têm como efeito atribuir individualmente uma situação regulamentar já criada, um estatuto definido por leis ou regulamentos, que, assim, não são realmente geradores ou criadores de obrigações". Cf. Mark Kirkby: 2011, 192.

367 Cf. Cabral de Moncada: 2012a, 624.

368 Cf. Cabral de Moncada: 2012a, 626.

369 Cf. Yves Madiot: 1971, 15.

370 Cf. Yves Madiot: 1971, 239.

371 Cf. Yves Madiot: 1971, 21.

*exercício de poderes públicos*[372], CABRAL DE MONCADA apresenta, deste modo, uma visão do *direito administrativo* assente na antiga *autoridade* e *supremacia* proposta pela doutrina germânica, designadamente por OTTO MAYER[373]. Não surpreende, deste modo, que defenda os *contratos económicos* como uma modalidade de *acto administrativo*: o *acto misto*, subfigura do *acto-condição*.

Todavia, segundo SOUSA RIBEIRO, a noção de *acto-condição* adquiriu uma "extensão inadmissível"[374]. Na verdade, cumpre referir que no ordenamento jurídico português, o *contrato* é uma figura cujas *características nucleares* são *transversais* a todo o *ordenamento jurídico* (público / privado), apresentando um *âmbito extremamente amplo*[375]. Contrariamente ao que sucede no *ordenamento jurídico francês*, em Portugal "contratos não são apenas os acordos com eficácia obrigacional"[376]. É em virtude deste entendimento que doutrinalmente se refere a existência de verdadeiros *contratos* nos domínios *administrativo, económico, financeiro* e *processual*[377].

Relativamente aos *contratos* da esfera do *direito administrativo*, cumpre salientar a importância actual do CCP. A *autonomia pública contratual* estabelecida no art. 278.º do CCP determina a existência de uma *habilitação genérica* de utilização do *contrato* pela Administração na prossecução das suas *atribuições*[378]. Na verdade, se tivermos em consideração os *índices de administratividade* estabelecidos no CCP, verificamos que a *al. b*) do n.º 1 do art. 280.º do CCP admite a existência de *contratos com objecto passível de acto administrativo* e *contratos sobre o exercício de poderes públicos*. Esta realidade derroga a ideia de que não é possível a *contratualização* no *domínio fiscal*[379] e no *domínio do exercício de poderes públicos*[380].

372 Cf. CABRAL DE MONCADA: 2012a, 626 e 627 e *Idem*: 1985, 142.

373 Sobre as posições de OTTO MAYER face à ciência do Direito Administrativo, MAURIZIO FIORAVANTI: 1983, 600 e ss.

374 Cf. SOUSA RIBEIRO: 1978, 193

375 Como refere MARK KIRKBY, "a noção de contrato, entre nós, é a mesma em todos os ramos do direito". Cf. MARK KIRKBY. 2011, 196. No mesmo sentido, FERREIRA DE ALMEIDA: 2000, 22 e 23; MARCELO REBELO DE SOUSA: 1994, 32 e SÉRVULO CORREIA: 1987, 343 e 344.

376 Cf. FERREIRA DE ALMEIDA: 2000, 22.

377 Cf. FERREIRA DE ALMEIDA: 2000, 23.

378 No mesmo sentido, FREITAS DO AMARAL: 2012, 539.

379 Para uma análise aos contratos fiscais, *V.*, CASALTA NABAIS: 1994, 104.

380 Para uma análise aos contratos sobre o exercício de poderes públicos, *V.*, MARK KIRKBY: 2011, 191e ss.

## 2.4. Contrato de Investimento

Como foi referido, o *CI* é apresentado na doutrina como uma das *categorias* do *contrato económico.* Uma das questões que agora se coloca é a de saber se o *CI* é, ou não, um verdadeiro *contrato.* Como se sabe, nem sempre os "*nomen iuris*" descrevem correctamente as realidades a que são inerentes. Todavia, é comum no *plano internacional* a doutrina caracterizar o *CI* como um verdadeiro *contrato*[381]. Já no ordenamento jurídico português, não obstante a querela em torno do *contrato económico,* não oferecem dúvidas as argumentações jurídicas propostas na doutrina quanto à qualificação do *CI* como um verdadeiro *negócio jurídico bilateral / contrato*[382].

Paradoxalmente, a argumentação proposta por Cabral de Moncada quanto aos *contratos económicos* deixa de fazer sentido quando o autor analisa o *CI.* Segundo o autor, "[a]pesar de o «contrato de investimento» ficar sujeito a um regime legal, coisa vulgar hoje em dia, aquele regime não diminui, contudo, a autonomia da vontade das partes intervenientes na celebração do contrato"[383]. A circunstância de o n.º 1 do art. 5.º do DL n.º 191/2014, de 31 de Dezembro, exigir a *aprovação*[384] do *Governo* da *redação final* do *CI,* ou seja, da necessidade de um *acto administrativo* que confira *eficácia* ao *contrato,* representará um exemplo inequívoco, segundo os autores que sustentem a *tese do acto-condição,* de que o *CI* constitui um *acto misto.* No entanto, não é esta a argumentação de Cabral de Moncada. Para o autor, "o contrato já é válido antes da sua aprovação governamental apenas sucedendo que não é ainda eficaz"[385].

[381] Cf. Tienhaara: 2009, 5; Cotula: 2007, 1 e Vicuña: 2004, 345.

[382] Neste sentido, Cabral de Moncada: 2012a, 478; *Idem*: 2007, 106; Santos / Gonçalves / Marques: 2011, 220; Tânia Cunha: 2006, 73; Casalta Nabais: 1994, 202 e Sérvulo Correia: 1987, 424.

[383] Cf. Cabral de Moncada: 2007, 123.

[384] A figura da *aprovação* apresenta um significado específico no âmbito de o direito administrativo. Esta é entendida como um *acto administrativo secundário,* um *acto de segundo grau,* mais concretamente, um *acto integrativo da eficácia* através do qual "um órgão da Administração exprime a sua concordância com um acto anterior praticado por outro órgão administrativo, e lhe confere eficácia" (Cf. Freitas do Amaral: 2012, 296). Em virtude do seu *específico sentido,* cremos que a *aprovação* referida no n.º 2 do art. 5.º do DL n.º 191/2014, de 31 de Dezembro, surja com um *sentido impróprio* em virtude de estarmos na presença de um *contrato* e não de um *acto administrativo.*

[385] Cf. Cabral de Moncada: 2007, 125. O autor refere que a *aprovação* surge como justificação da outorga de benefícios que implicam despesa pública. Cf. Cabral de Moncada:

Concordamos com a doutrina quando refere que o *CI* é, inequivocamente, um *contrato*. No entanto, é necessário salientar que o DL n.º 191/2014, de 31 de Dezembro, e na sequência do regime legal do *IE* que vigorou no DL n.º 203/2003, de 10 de Setembro, amplia as *modalidades de investimento* que podem ser objecto de um *CI*. Segundo a epígrafe do art. 4.º do DL n.º 191/2014, de 31 de Dezembro, celebram-se "contratos de investimento", o que significa que o contrato em questão deixou de ser circunscrito ao *Contrato de Investimento Estrangeiro*. Esta característica, que fundamentamos no *princípio da não discriminação do investimento em razão da nacionalidade*, determina a *tentativa* (irrealista) de o legislador nacional estabelecer um *regime jurídico unificado* entre *IE* e *investimento nacional*[386].

Por outro lado, cumpre referir que o DL n.º 191/2014, de 31 de Dezembro, apesar de determinar a manutenção das *negociações* de *CI's* através de uma *entidade específica*, a *AICEP*[387], acolhe um *regime jurídico* que se afasta das *codificações de IE*[388].

2012a, 478.

[386] No entender de Cabral de Moncada, o DL n.º 203/2003, de 10 de Setembro, estabelece "um regime liberal e não discriminatório para o i.e.". Cf. Cabral de Moncada: 2007, 95).

[387] Nos termos da al. *a*) do n.º 1 do art. 12.º dos *Estatutos da Agência para o Investimento e Comércio Externo de Portugal*, E.P.E., anexo ao DL n.º 229/2012, de 26 de Outubro, constitui um dos *fins* da AICEP a negociação e celebração de *CI's*. Trata-se de uma agência que caracteriza-se por ser uma *pessoa colectiva de direito público*, com natureza *empresarial, dotada de autonomia administrativa, financeira e patrimonial* (cf. n.º 1 do art. 1.º dos *Estatutos da Agência para o Investimento e Comércio Externo de Portugal*, E.P.E., anexo ao DL n.º 229/2012, de 26 de Outubro) sujeita à *superintendência* e *tutela* do Primeiro-Ministro (cf. n.º 3 do art. 1.º *dos Estatutos da Agência para o Investimento e Comércio Externo de Portugal*, E.P.E., anexo ao DL n.º 229/2012, de 26 de Outubro) que, na prossecução das suas *atribuições*, actua em representação do Estado (cf. n.º 1 do art. 4.º do DL n.º 203/2003, de 10 de Setembro). Por outro lado, cumpre salientar que entidades como a AICEP correspondem a uma prática generalizada no que diz respeito à *difusão* e *negociação* de questões inerentes ao *IE* (Cf. Moran: 2006, 41 e Nogueira Leite / Machado: 2005, 27), existindo uma *organização não-governamental*, a *WAIPA*, que proceder a uma *cooperação* mundial das mesmas.

[388] Para uma análise às desvantagens que ocorrem neste tipo de regimes, *V.*, Sornarajah: 2010, 90. Salientando o facto de que as *codificações de IE* estabelecerem frequentemente *regimes jurídicos discriminatórias*, V., Sornarajah: 2010, 285 e Parra: 1993, 312.

### 2.4.1. O *Regime Contratual* como *regime especial* do *Contrato de Investimento*

No plano internacional é comum a referência de *regimes jurídicos especiais*, no contexto de *grandes projectos de investimento*, cujas características salientam *regimes jurídicos mais favoráveis* do que os *regimes normais de investimento*[389]. No ordenamento jurídico português, o *regime contratual de investimento* surge como um "regime especial de contratação"[390]que pode englobar, designadamente, o *Regime de Reconhecimento de Projectos de Potencial Interesse Nacional* (PIN)[391] ou a existência de *benefícios fiscais* específicos[392]. O seu *principal objectivo* é o enquadramento jurídico do *CI*, ou seja, "o conjunto de regalias ou incentivos proporcionados pela Administração."[393]

Em Portugal, este "regime especial de contratação" que, no fundo, é materializado na celebração do *CI*, tem dado cobertura ao relançamento de *actividades de extracção e beneficiação mineira*[394]; *construção e equipamento de unidades fabris no domínio petroquímico*[395]; *desenvolvimento de produtos multimédia*[396]; *construção automóvel*[397]; *empreendimentos turísticos*[398]; *desenvolvimento*

[389] Cf. UNCTAD: 2004a, 56.

[390] O *regime geral de investimento* é composto, embora não exclusivamente, pela possibilidade de se aceder a fundos da *UE*, mais concretamente dos que derivam actualmente do *IV Quadro Comunitário de apoio 2007-2013*, inerente ao *QREN* que, por sua vez, procede a uma sistematização através de *programas operacionais temáticos* e de *programas operacionais regionais*, para as regiões do continente e para as regiões autónomas, sobressaindo o *Sistema de Incentivos às Empresas*. Segundo dados recolhidos junto da AICEP a minuta do modelo contratual a que se reporta o *regime geral de investimento* corresponde ao *contrato de Concessão de Incentivos Financeiros*, sendo que o mesmo, no domínio da *jurisprudência portuguesa*, surge inequivocamente como um *contrato administrativo*. Cf. TC – Acórdão N.º 218/2007; STA – Processo N.º 378/11, de 30 de Maio de 2012; TCAN – Processo N.º 1167/08.5BEBRG, de 27 de Outubro de 2011 e TCAS – Processo N.º 7625/11, de 3 de Novembro de 2011. Ambos disponíveis em www.tribunalconstitucional.pt e www.dgsi.pt.

[391] Cf. DL. n.º 143/2013, de 5 de Novembro.

[392] Cf. nº 1 do art.º 41 do Estatuto dos Benefícios Fiscais.

[393] É esta a característica essencial dos *CI's* no entender de SÉRVULO CORREIA. Cf. SÉRVULO CORREIA: 1987, 425.

[394] Cf. Despacho n.º 98/2013, *D. R.*, 2.ª Série – N.º 3 – 4 de Janeiro de 2013.

[395] Cf. Despacho n.º 1924/2013, *D. R.*, 2.ª Série – N.º 23 – 1 de Fevereiro de 2013.

[396] Cf. Despacho n.º 1925/2013, *D. R.*, 2.ª Série – N.º 23 – 1 de Fevereiro de 2013.

[397] Cf. Despacho n.º 1926/2013, *D. R.*, 2.ª Série – N.º 23 – 1 de Fevereiro de 2013.

[398] Cf. Despacho n.º 3032/2013, *D. R.*, 2.ª Série – N.º 40 – 26 de Fevereiro de 2013.

*de softwares*[399] ou até mesmo à *inovação e produção da indústria cerâmica* [400]. Para tal, é fundamental a verificação *cumulativa*[401] (*i*) da existência de um *"grande projecto de investimento"*[402] que (*ii*) *"demonstre um especial interesse para a economia portuguesa"*.

O grande problema que a doutrina aponta ao *CI*, e consequentemente ao *regime jurídico que lhe é inerente*, é o *carácter confidencial e de sigilo* das relações que são estabelecidas[403]. Trata-se de uma questão que ocorre no ordenamento jurídico português, uma vez que o *CI* é abrangido por um *dever de sigilo*[404] que apenas permite o conhecimento genérico de *elementos obrigatórios* que devem constar do *contrato*[405]. A justificação para um regime jurídico com estas características é o *"receio generalizado"* de que a divulgação de *negociações contratuais* afecte negativamente a *negociação* de *futuros contratos*[406].

No entanto, e como refere Suzana Tavares da Silva, "a *confidencialidade* significa, quase sempre, a exclusão de terceiros"[407]. Neste sentido, a ocorrência de *deficits de transparência* na celebração de *CI's* não contribui para a *legitimidade procedimental* de um "regime especial de contratação", principalmente no âmbito de *contratos* inerentes a um *grande projecto de investimento* com *especial interesse para a economia portuguesa*[408] – *v.g.*, no domínio

[399] Cf. Despacho n.º 3033/2013, *D. R.*, 2.ª Série – N.º 40 – 26 de Fevereiro de 2013.

[400] Cf. Despacho n.º 4784/2013, *D. R.*, 2.ª Série – N.º 68 – 8 de Abril de 2013.

[401] Cf. Cabral de Moncada: 2007, 114.

[402] À luz das al's. *a*) e *b*) do n.º 2 do art. 1.º do DL. n.º 191/2014, de 31 de Dezembro, são considerados grandes projectos de investimento os investimentos cujo valor exceda 25 milhões de euros, independentemente do sector de actividade, da dimensão ou da nacionalidade e da natureza jurídica do promotor, ou então, os projectos que não atinjam os 25 milhões de euros, que sejam da iniciativa de uma empresa com facturação anual consolidada como grupo económico em que se insere superior a 75 milhões de euros ou de uma entidade de tipo não empresarial com orçamento anual superior a 40 milhões de euros.

[403] Neste sentido, Tienhaara: 2009, 5; Colón-Ríos / Hevia: 2009, 1311 e Cotula: 2007, 1.

[404] Cf. n.º 5 do art. 5.º do DL n.º 191/2014, de 31 de Dezembro .

[405] Referimo-nos às alienas *a*), *b*), *c*), *d*) e *e*) do n.º 2 do art. 12.º dos *Estatutos da AICEP*, anexo ao DL n.º 229/2012, de 26 de Outubro de 2012.

[406] Neste sentido, Tienhaara: 2009, 5.

[407] Cf. Suzana Tavares da Silva: 2008b, 913, nota 65.

[408] Sobre este aspecto é importante reflectir sobre a aplicação, ou não, da Lei n.º 83/95, de 31 de Agosto que estabelece o direito de participação procedimental e de acção popular. A questão centra-se no seu art.º 4 onde se estabelece um dever de prévia audiência na participação de planos ou na localização e realização de obras e investimentos públicos. O artigo em questão não está pensado para os casos de investimento estrangeiro, uma vez que apenas se refere a

da *energia*; da *exploração de recursos naturais* ou *infraestruturas essenciais*[409]. Por outro lado, acresce a dificuldade da *juridicidade* de alguns *acordos* admitidos nos *sistemas jurídicos* no qual se insere o ordenamento jurídico português[410]. Esta questão deriva da *inexistência de um numerus clausus das formas de actuação pública*[411] e que se tem traduzido na crescente mobilização de *actuações informais*,[412] ou seja, "«negociações», «acordos» entre a Administração e os interessados em torno de um procedimento legal e regulamentarmente estabelecido"[413].

Por outro lado, não é possível esquecer que o *CI* e, consequentemente, o seu "regime especial de contratação", encontram-se inseridos dentro do *sistema internacional de investimento* quando *celebrado com investidores estrangeiros*. Deste modo, é necessário referir que o *sistema internacional de investimento* determina uma "influência irradiante" da sua *teleologia*, não só sobre o *CI*, mas também sobre todos os *contratos* que lhe sejam *apensados*.

Esta realidade, ainda que não referida no DL n.º 191/2014, de 31 de Dezembro, era possível de ser constatada no preâmbulo do DL n.º 203/2003, de 10 de Setembro na medida em que o *CI* era caracterizado como um *contrato principal*, mais concretamente como um *contrato complexo*, no âmbito de uma *relação obrigacional complexa*, cujo objectivo visava a *conformação de um quadro normativo* das diferentes realidades contratuais de que é objecto (*contratos fiscais*, *contratos de concessão*, *contratos sobre o exercício de poderes públicos* e *contratos de concessão de incentivos financeiros*). No entanto, somos da opinião que o mesmo entendimento deve ser transposto no âmbito da aplicação do DL n.º 191/2014, de 31 de Dezembro, já que é o próprio diploma, no seu

investimentos públicos. Todavia, dado o impacto que geralmente um grande investimento implica, seria desejável, em nome do princípio da transparência e da participação efectiva, aplicar analogicamente este artigo ao contrato de investimento.

[409] Cf. Suzana Tavares da Silva: 2013, 133; Zivkovic: 2012a, 2; Tienhaara: 2009, 5; Cotula: 2007, 2; Maniruzzaman: 1990, 53.

[410] No que se refere à utilização do *acordo informal* no âmbito da celebração de *CI's*, podemos constatar que uma das atribuições da *AICEP* é a celebração de "[p]rotocolos ou acordos preliminares no âmbito do apoio a projectos de investimento em Portugal e no exterior" conforme a *al. b*) do n.º 1 do art. 12.º, dos Estatutos da *AICEP*, anexo ao DL n.º 229/2012, de 26 de Outubro.

[411] Neste sentido, Pedro Gonçalves: 2004, 52.

[412] Sobre as *actuações informais*, *V.*, Suzana Tavares da Silva: 2008b, 893 e ss e Pedro Gonçalves: 2004, 51.

[413] Cf. Bolado: 2001, 172.

preâmbulo, que indica a necessidade em não alterar os princípios subjacentes a esta matéria.

É com base nesta característica que entendemos que a *teleologia* do *CI* revela um funcionamento do tipo *"umbrella contract"*. Consequentemente, se o *CI* (celebrado com investidores estrangeiros) sofre as influências que derivam do *plano internacional*, *extensivamente* se dirá que *todos os restantes contratos subordinados ao CI* sofrem a mesma influência.

### 2.4.2. Cláusulas de Estabilização e Cláusulas de Intangibilidade

O *CI* manifesta outra característica extremamente importante: a realização de um *grande projecto de investimento* requere uma *relação jurídica de longa duração*: a necessidade de amortizar *grandes quantias de capital* assim o exige. É como base na existência de uma *relação jurídica de longa duração* que a doutrina refere a exposição de *grandes projectos de investimento* a eventuais *ingerências estaduais*[414]. Esta realidade, ainda que atenuada com base no *princípio da não discriminação do investimento em razão da nacionalidade*, requere um *nível de protecção mais elevado*, no *plano internacional*, quando os *investimentos* são realizados por *investidores estrangeiros*[415].

Uma das respostas que o *sistema internacional de investimento* dá à questão referida é a aposição, no *CI*, de *cláusulas* que previnem *ingerências estaduais*. Entre as *cláusulas* mais comuns salientam-se: (*i*) as *cláusulas da escolha da lei aplicável ao contrato*, que atribuem preferência aos *princípios gerais de direito*; (*ii*) *cláusulas de arbitragem*, que determinam a "movimentação" do *CI* para fora da influência do *direito interno* de um *Host State* e (*iii*) *cláusulas de intangibilidade e de estabilização*[416].

As cláusulas que têm merecido mais atenção na doutrina são as *cláusulas de intangibilidade* e as *cláusulas de estabilização*[417]. Apresentando a finalidade de obter um *quadro jurídico de maior estabilidade e confiança*, segundo *regras e princípios internacionais*, os investidores, através deste tipo de *cláusulas*, procuram obter *vinculações estaduais*[418]que estabilizem *regimes jurídicos legis-*

[414] Cf. Gomes Canotilho / Vital Moreira: 2007, 1025

[415] Neste sentido, Suzana Tavares da Silva: 2013, 117 e ss.

[416] Cf. Sornarajah: 2010, 281 e ss.

[417] *V.*, Shemberg: 2008, 4.

[418] Neste sentido, Vieira de Andrade / Figueiredo Marcos: 2013, 162 e ss. Referindo-se a uma *vinculação estadual* no domínio das *cláusulas de estabilização*, Suzana Tavares da Silva: 2013, 126.

*lativos* nos domínios *ambientais, laborais, fiscais e regulamentares*[419]. Como consequência, os *Estados* limitam a sua *soberania*[420], designadamente, nos domínios da sua *liberdade de conformação normativa*.

Mas entre as *cláusulas* referidas, observa-se uma preferência na utilização de *cláusulas de estabilização*[421] sendo, aliás, frequentes em *contratos* relacionados com (*i*) a exploração de *recursos naturais*, (*ii*) no *sector energético* e (*iii*) em *projectos de infra-estruturas essenciais*[422]. Na doutrina, um dos principais estudos sobre as *cláusulas de estabilização* é o de SHEMBERG. Segundo o autor, estas *cláusulas*, que apresentam uma *geometria variável*, dividem-se em *freezing clauses*[423], *economic equilibrium clauses*[424] e *hybrid clauses*[425]. O seu objectivo é o de disciplinar a aplicação de *legislação superveniente* em *contratos já celebrados*[426].

Uma das principais razões da *aposição* das *cláusulas* referidas prende-se com o receio de uma *alteração das circunstâncias em que as partes fundaram a decisão de contratar*. Como refere SHEMBERG, um dos principais objectivos dos *investidores* é evitar, não só "custos" acrescidos[427], mas também a necessidade de amortização dos custos iniciais dos investimentos, por longos períodos de tempo. Existe, deste modo, a necessidade de alcançar mecanismos de *credibilidade*, designadamente, no âmbito de *alterações*

[419] Neste sentido, HIRSCH: 1992, 142 e 143.

[420] VIEIRA DE ANDRADE / FIGUEIREDO MARCOS: 2013, 162.

[421] Cf. WEIL: 2000, 331.

[422] Cf. SUZANA TAVARES DA SILVA: 2013, 133; SHEMBERG: 2008, 4 e COTULA: 2007, 2.

[423] Este tipo de cláusulas pode surgir sobre duas formas: "congelamento" *completo* ou *limitado*. Todavia, a sua *ratio* visa tornar as alterações legislativas inaplicáveis aos contratos. Cf. VIEIRA DE ANDRADE / FIGUEIREDO MARCOS: 2013, 161; TIENHAARA: 2009, 8; SHEMBERG: 2008, 5 e LIMA PINHEIRO: 2003, 804 e 805.

[424] Este tipo de cláusulas, também susceptíveis de terem uma abrangência *total* ou apenas *limitada*, visam determinar, não obstante a aplicação de novas leis, a compensação ao investidor do dever de as cumprir quando uma modificação legislativa ou regulatória interfira com o equilíbrio financeiro do contrato. Cf. VIEIRA DE ANDRADE / FIGUEIREDO MARCOS: 2013, 161; TIENHAARA: 2009, 8; SHEMBERG: 2008, 5 e LIMA PINHEIRO: 2003, 805.

[425] Este tipo de cláusulas procede a uma osmose das *freezing clauses* e das *economic equilibrium clauses*. Cf. VIEIRA DE ANDRADE / FIGUEIREDO MARCOS: 2013, 161 e SHEMBERG: 2008, 5.

[426] Neste sentido, VIEIRA DE ANDRADE / FIGUEIREDO: 2013, 161; HALABI: 2011, 265 e LIMA PINHEIRO: 2005a, 170 e *Idem*: 2003, 804.

[427] *V.*, SHEMBERG: 2008, 4.

*legislativas* que afectem negativamente a *rentabilidade* e *estabilidade* de um *investimento*[428].

Todavia, é necessário referir que *não é unânime a admissibilidade* deste tipo de *cláusulas*. Embora no *plano internacional* a sua aceitação seja uma *aceitação relativa*[429] (quando relacionada com o *princípio da soberania permanente sobre os recursos naturais*)[430], no *plano interno dos ordenamentos jurídicos* questiona-se a *validade de cláusulas contratuais* que determinam *o modo de aplicação de uma lei*[431].

No que diz respeito ao *ordenamento jurídico português*, uma das consequências que a doutrina associa às *cláusulas de estabilização* é a *internacionalização dos respectivos contratos*[432]. Por outro lado, e no que diz respeito à *validade* das referidas *cláusulas*, entende DÁRIO MOURA VICENTE que estas dever-se-ão considerar válidas, desde que não afectem a possibilidade de o *Estado* legislar nas matérias abrangidas pelo *contrato*, ainda que essa legislação não se aplique à relação contratual ou, aplicando-se, tenha de respeitar as disposições *contratuais*[433].

Já no que diz respeito às *cláusulas de intangibilidade*, existe uma *verdadeira obrigação de abstenção estadual*, por via unilateral, de proceder a *alterações posteriores* de *regimes jurídicos*[434], inclusive, a *rescisão de contratos* por motivos de *interesse público*[435]. No entendimento da doutrina portuguesa, refere-se a existência de um *princípio geral de intangibilidade*, que *não é absoluto*, onde "o contrato ficaria *imunizado* ante eventuais modificações legislativas

[428] Neste sentido, VIEIRA DE ANDRADE / FIGUEIREDO MARCOS: 2013, 159; DÁRIO MOURA VICENTE: 2011, 752; *Idem*: 2006, 310; HALABI: 2011, 290; SORNARAJAH: 2010, 281; TIENHAARA: 2009, 7; SHEMBERG: 2008, 4 e UNCTAD: 2004a, 56.

[429] Neste sentido, COTULA: 2007, 2.

[430] Cf. BROWNLIE: 2003, 526.

[431] No mesmo sentido, VIEIRA DE ANDRADE / FIGUEIREDO MARCOS: 2013, 162 e 163; SORNARAJAH: 2010, 283; COLÓN-RÍOS / HEVIA: 2009, 1311 e COTULA: 2007, 3.

[432] Cf. FAUSTO DE QUADROS: 1998, 54. Expondo esta possibilidade, SORNARAJAH: 2010, 282 e LIMA PINHEIRO: 2005a, 170. Este entendimento é também partilhado por LIMA PINHEIRO no que diz respeito aos *contratos de Estado*. Cf. LIMA PINHEIRO: 2003, 804.

[433] Cf. DÁRIO MOURA VICENTE: 2006, 311.

[434] Cf. LIMA PINHEIRO: 2005a, 170 e *Idem*: 2003, 804. Sobre a diferença das cláusulas referidas no domínio do direito do petróleo, *V.*, VIEIRA DE ANDRADE / FIGUEIREDO MARCOS: 2013, 159 e ss.

[435] Neste sentido, DÁRIO MOURA VICENTE: 2006, 310.

supervenientes que pudessem afectar a posição jurídica (e financeira) das partes (...) e, nesta conformidade, o contrato permaneceria como uma "*zona de excepção*" em que tais modificações não poderiam operar"[436].

### 2.4.3 Relacionamento do *Contrato de Investimento* com *Acordos Internacionais de Investimento*

Entender a *relação* que é estabelecida entre o *CI* e *Acordos Internacionais de Investimento*[437] é entender um *elemento fundamental* para a compreensão da *arbitragem internacional de investimento*. Trata-se de uma matéria extremamente *controversa*[438], composta por *posições heterogéneas*, mas que exprime um dos elos de ligação na *construção* e *compreensão* de um *sistema internacional de investimento*[439].

Esta *relação* começa com a existência de uma *tutela mais forte* para a protecção *efectiva* dos *investidores estrangeiros*. Na verdade, os *Acordos Internacionais de Investimento* consagram, não só *procedimentos processuais vinculativos* para a *resolução de litígios*, mas também verdadeiros *direitos substantivos*: os *standards de protecção*[440] (*v.g.*, *tratamento justo e equitativo* – art. 10.º do *TCE*; art.º 1105.º do *NAFTA* e o art. 3.º do *BIT* entre Portugal e a China)[441]. Neste sentido, no *âmbito de protecção dos investidores*, "não se aprova um regime jurídico material, mas sim um misto de regras materiais, normas de conflito e disposições de metaregulação, sendo estas orientações depois concretizadas no âmbito de um *sistema internacional* de protecção dos investidores, que se traduz em arbitragens internacionais conformadas por um especial contexto institucional e processual"[442].

[436] Cf. Vieira de Andrade / Figueiredo Marcos: 2013, 160.

[437] Na doutrina, os *Acordos Internacionais de Investimento* englobam diversas realidades: *BIT's*; *Acordos Regionais de Comércio* e *Acordos de Cooperação Económica*. Cf. Tienhaara: 2009, 20.

[438] Analisando esta relação, Alschner: 2013, 1 e ss; Crawford: 2007, 1 e ss; Wong: 2006, 137 e ss e Vicuña: 2004, 349 e ss.

[439] Cf. Anthea Roberts: 2013, 55.

[440] Cf. Anthea Roberts: 2013, 40 e 41.

[441] Para uma análise mais pormenorizada do *standard* referido, *V.*, Dolzer / Stevens: 1995, 58 e ss.

[442] Suzana Tavares da Silva: 2013, 132.

#### 2.4.3.1. Exemplos no plano multilateral

Como explica MANIRUZZANAN, é comum, nos *tratados multilaterais*, a existência de disposições que (*i*) determinam o *modo de resolução de litígios* segundo as suas próprias disposições e (*ii*) delimitam o *âmbito dos litígios potencialmente invocados*. Neste sentido, o autor entende que existe uma *subalternização* de grande parte do *conteúdo e, até mesmo, das disposições contratuais* inseridas no *CI* que sofre, como consequência, a aplicação de *regras* e *princípios de direito internacional*.[443]

Exemplos da realidade descrita por MANIRUZZANAN são comuns, designadamente, nas disposições do *TCE* (onde o investidor só poderá invocar a *violação de normas relativas à promoção e protecção de investimento* nos termos do art. 10.º a 17.º do respectivo *tratado*), bem como no *NAFTA* (onde os art.º 1116.º e 1117.º determinam a necessidade de se estabelecer uma *violação de uma obrigação* nos termos específicos do *Capítulo XI*)[444].

#### 2.4.3.2. Exemplos no plano bilateral

Como já referimos, os *BIT's de segunda geração* demonstram uma maior *pormenorização* e *complexidade* do alcance das suas disposições[445]. No entanto, parte da *doutrina germânica* argumenta que os *BIT's* configuram uma *modalidade de contratos incompletos entre Estados*. Neste sentido, a existência de *lacunas contratuais* configura uma *actuação deliberada* entre os *Estados*, cujo objectivo é a sua concreta *integração* através de *relações posteriormente estabelecidas com os investidores*[446].

Quer se concorde ou discorde com a argumentação referida, é possível verificar que os *BIT's*, à semelhança dos *tratados multilaterais*, estabelecem *direitos substantivos*, ou seja, *standards de protecção do investimento*[447]. Um dos principais *standards de protecção do investimento* corresponde às *normas gerais para o tratamento dos investimentos e investidores estrangeiros*. Neste âmbito, disciplinam-se questões relativas a um *tratamento justo* e *equitativo*; *segurança e protecção de legítimas expectativas*; salvaguarda contra *medidas injustificadas*

[443] Cf. MANIRUZZAMAN: 2001, 325.

[444] Cf. CRAWFORD: 2007, 12.

[445] No mesmo sentido, ALSCHNER: 2013, 1.

[446] Cf. ALSCHNER: 2013, 8.

[447] Salientando esta realidade, TIAGO DUARTE: 2012b, 128. Sobre a existência de *standards* de protecção no domínio do investimento, *V.*, SORNARAJAH: 2010, 334 e ss; SALACUSE / SULLIVAN: 2009, 126 e ss e DOLZER / STEVENS: 1995, 58 e ss.

ou *discriminatórias*; *tratamento da nação mais favorecida* e o *cumprimento de obrigações contratuais*[448].

Os *direitos substantivos* consagrados nos *BIT's* (e analogicamente os *direitos substantivos* estabelecidos nos *tratados multilaterais*) são, deste modo, *posteriormente* densificados ou acolhidos no *CI*[449]. É neste momento que surgem as principais inquietações do *sistema internacional de investimento*, designadamente, (*i*) saber se esta relação determina a *internacionalização* do *CI*[450]; (*ii*) o facto de nem sempre as *violações de acordos internacionais* serem sinónimos de *violações do CI* ou vice-versa[451]; (*iii*) a *dissonância das decisões arbitrais na admissão* desta relação[452] e (*iv*) qual o tipo de *direitos contratuais* que devem ser protegidos, bem como as consequências, em termos do acréscimo de litigância, que os mesmos acarretam[453].

### 2.4.3.2.1. A relevância das "*umbrella clauses*"

O mecanismo, não menos controverso, que surge como tentativa de afirmar o relacionamento entre *CI* e *BIT's*, deriva da existência de um tipo de *cláusulas próprias* dos *BIT's*: as "*umbrella clauses*"[454], também designadas no ordenamento jurídico português como "cláusulas-quadro"[455]. A sua *origem* remonta a um *projecto de acordo de pagamento de nacionalizações iranianas*, no *domínio do petróleo*, na década de 50[456]. Actualmente, são *cláusulas* presentes em cerca de 40% de todos os *BIT's* mundiais[457], sendo possível encontra-las junto dos *standards de protecção do investimento*[458]. O seu principal objectivo

[448] Enaltecendo a inserção de direitos contratuais nos tratados de investimento, Sinclair: 2009a, 95.

[449] Parte da doutrina chama a atenção para a necessidade de existirem *disposições amplas* que permitam a inclusão de questões relativas às *relações contratuais*. Cf. Crawford: 2007, 12 e UNCTAD: 2004b, 16.

[450] Defendendo esta posição, Salacuse / Sullivan: 2009, 128 e VICUÑA: 2004, 349.

[451] Cf. Tiago Duarte: 2011, 266 e 267 e Schreuer: 2004, 249 e 250.

[452] Cf. Sinclair: 2009a, 95 e ss e Wong: 2006, 155 e ss.

[453] Chamando a atenção para esta realidade, Zivkovic: 2012b, 145.

[454] Cf. Tiago Duarte: 2012b, 129; Wong: 2006, 138 e ss e UNCTAD: 2004b, 17.

[455] Neste sentido, Lima Pinheiro: 2008, 93.

[456] Cf. Potts: 2011, 1009; Wong: 2006, 145 e Sinclair: 2004, 413 e 414.

[457] Cf. Zivkovic: 2012a, 11; Potts: 2011, 1007; Reghizzi: 2009, 40 e OCDE: 2006, 164.

[458] Neste sentido, Schreuer: 2004, 253.

é assegurar que os *Estados contratantes observem e cumpram todas as obrigações assumidas* no que diz respeito à protecção de *IE's*[459].

#### 2.4.3.2.1.1. A interpretação das "*umbrella clauses*" na doutrina

A doutrina que se refere às "*umbrella clauses*" estabelece, *automaticamente*, uma relação entre o *CI* e os *BIT's*[460]. Não sendo pacífica, a questão que se coloca é a seguinte: serão as *violações de obrigações contratualmente* assumidas entre um *Host State* e um *investidor estrangeiro* (*contract claims*) – designadamente, a adopção de *actos legislativos* ou *regulamentares* que afectem a *relação contratual*, como as *expropriações indirectas*[461]- *violações de direitos substantivos* celebrados nos *BIT's* entre os *Estados contratantes* (*treaty claims*)? Parte significativa da doutrina afirma que sim, ou seja, que uma *contractual violation claims* determina uma *treaty violation claims*[462].

Segundo Christoph Schreuer, a razão existencial das "*umbrella clauses*" é precisamente estabelecer um ponto de *equiparação* entre uma *contractual violation claims* e uma *treaty violation claims*[463]. Stephan Schill é ainda mais claro quanto a esta questão. Para o autor, as "*umbrella clauses*" constituem um *mecanismo de reforço* no cumprimento *ex post* de *obrigações* (independentemente da sua *natureza*) assumidas por *Host States* no âmbito de um *investimento* salvaguardado por um *tratado de investimento*[464].

No entanto, uma das *debilidades da argumentação* referida prende-se com o facto de que nem sempre uma *violação contratual* ser equiparada a uma *violação de um acordo internacional de investimento*[465].

[459] Cf. Zivkovic: 2012a, 11; Sinclair: 2009b, 281; Stephan Schill: 2008b, 1; Wong: 2006, 144 e Dolzer / Stevens: 1995, 81 e 82. Salientando o mesmo entendimento no ordenamento jurídico português, Tiago Duarte: 2011, 267 e ss.

[460] Cf. Tiago Duarte: 2012b, 129; *Idem*: 2011, 263; Barrocas: 2010, 728; Tienhaara: 2009, 21; ReghizzI: 2009, 40; Lima Pinheiro: 2008, 93; Bjorklund: 2007, 118; Wong: 2006, 151; UNCTAD: 2006, 66 e Vicuña: 2004, 352.

[461] Cf. Vieira de Andrade / Figueiredo Marcos: 2013, 425.

[462] Cf. Tiago Duarte: 2012b, 129; *Idem*: 2011, 263; Barrocas: 2010, 728; Tienhaara: 2009, 21; Reghizzi: 2009, 40; Lima Pinheiro: 2008, 93; Bjorklund: 2007, 118; Wong: 2006, 151; UNCTAD: 2006, 66 e Vicuña: 2004, 352.

[463] Cf. Schreuer: 2004, 251. No mesmo sentido, Gaillard: 2005, 345.

[464] Cf. Stephan Schill: 2008b, 67.

[465] Neste sentido, Tiago Duarte: 2011, 266 e 267 e Schreuer: 2004, 249 e 250.

#### 2.4.3.2.1.2. A interpretação das "*umbrella clauses*" nas decisões arbitrais ICSID

Os *leading cases* fundamentais para uma análise às *interpretações* relativas à *aplicação* das "*umbrella clauses*" na *arbitragem ICSID* são as arbitragens *SGS vs. Paquistão* e *SGS vs. Filipinas*[466]. Estas, por sua vez, retratam a *fragmentação, o carácter analógico* e a mobilização de *precedentes* na construção do *Direito do Investimento Estrangeiro.*

O caso *SGS vs. Paquistão*[467] determinou uma *interpretação restritiva* das "*umbrella clauses*". A decisão, que funcionou posteriormente como *precedente* nos casos que *Joy Mining vs. Egipto; El Paso Energy vs. Argentina* e *Hamester vs. Gana*[468], estabeleceu que um *incumprimento do contrato* configurará uma *violação dos BIT's* apenas quando se comprove que era essa a *intenção efectiva das partes*[469].

A decisão do caso *SGS vs. Paquistão* foi apenas o início de uma longa interpretação das "*umbrella clauses*". No caso *El Paso Energy vs. Argentina* a operacionalidade destas *cláusulas* ocorre caso o *incumprimento do contrato* seja fundado no *exercício de poderes sobreanos* por parte dos *Host States*. Já no caso *Eureko vs. Polónia*, as "*umbrella clauses*" determinam uma *internacionalização do CI*, sendo que as *reivindicações dos contratos* são transformadas em *reivindicações dos tratados*. Por fim, temos o caso *SGS vs. Filipinas*[470], cuja decisão funcionou como precedente dos casos *CMS vs. Argentina; Noble Ventures vs. Roménia* e *BIVAC vs. Paraguai*[471]. No seguimento desta decisão, foi fixado que as "*umbrella clauses*" podem fornecer a base para *reivindicações substantivas do tratado*, mas *não convertem reivindicações contratuais em reivindicações do tratado*[472].

[466] Par uma análise destes casos, V., TIAGO DUARTE: 2012b, 130 e ss.

[467] Para uma análise da decisão, TIAGO DUARTE: 2012b,132 e ss.

[468] Para uma análise detalhada de cada uma destas decisões com um *âmbito restritivo* de aplicação das "*umbrella clauses*", POTTS: 2011, 1012 e ss.

[469] Neste sentido, CRAWFORD: 2007, 18 e 19.

[470] Para uma análise da decisão, TIAGO DUARTE: 2012b, 136.

[471] Para uma análise detalhada de cada uma destas decisões com um *âmbito expansivo* de aplicação das "*umbrella clauses*", POTTS: 2011, 1019 e ss.

[472] Neste sentido, CRAWFORD: 2007, 18 e 19.

#### 2.4.3.3. O entendimento da doutrina portuguesa quanto à questão da relação entre o *Contrato de Investimento* e os *Acordos Internacionais de Investimento*

O paradigma que se verifica *no plano internacional*, relativamente ao *CI* é, de certo modo, *aflorado* na doutrina portuguesa[473]. Todavia, é necessário referir que são poucos os autores que analisam o *CI* enquanto *realidade própria*[474]. Por outro lado, as análises interpretativas que *estes* autores expõem são *interpretações* baseadas numa *perspectiva nacional e/ou europeia*[475]. Como consequência, verificamos que a problematização do *CI* centra-se (*i*) na necessidade de *salvaguardar a soberania nacional* e (*ii*) na necessidade de não serem violadas as *liberdades fundamentais* que regem o *mercado interno*[476].

Sendo certo que em Portugal nunca foi acionada uma arbitragem segundo as *regras da arbitragem ICSID*[477], não se deve marginalizar a sua importância. A forte aposta que o ordenamento jurídico português coloca actualmente sobre o *IE*, designadamente, em *energias renováveis* ou na *concessão de créditos fiscais extraordinários ao investimento*[478], bem como na celebração de *BIT's* determina a necessidade de compreender uma *relação complexa* que mobiliza *instrumentos jurídicos globais*.

Entendemos que a probabilidade de Portugal ser confrontado com uma *arbitragem ICSID* é considerável. Além de signatário do *TCE*, Portugal é também signatário da *Convenção de Washington* que, como já salientamos, permite que seja desencadeada a *arbitragem ICSID* (que resolve cerca de 2/3 dos litígios de *IE*)[479]. Por outro lado, é considerável o número de *BIT's ratificados* por Portugal (*v.g.*, Alemanha, Índia, China)[480]. Deste modo, cumpre

[473] Cf. Vieirade Andrade / Figueiredo Marcos: 2013, 199 e ss; Dário Moura Vicente: 2011, 761 e ss; Barrocas: 2010, 728 e Tiago Duarte: 2008, 781 e ss.

[474] A principal exposição do *CI* é de Cabral De Moncada e é apenas um *artigo*.

[475] Designadamente, Cabral de Moncada: 2012a, 470; *Idem*: 2012b, 209; *Idem*: 2007, 111 e ss; Santos / Gonçalves / Marques: 2011, 216 e ss e Tânia Cunha: 2006, 65 e ss.

[476] Cf. Cabral de Moncada: 2007, 144 e Tânia Cunha: 2006, 115 e 116.

[477] Neste sentido, Tiago Duarte: 2008.

[478] Cf. L n.º 49/2013, de 16 de Julho.

[479] Cf. Dário Moura Vicente: 2011, 756.

[480] Segundo os dados disponíveis da AICEP, encontram-se em vigor, até 1 de Agosto de 2013, os *BIT's* celebrados entre Portugal e a Albânia; Alemanha; Argélia; Argentina; Bulgária; Cabo Verde; Chile; China; Coreia do Sul; Croácia; Cuba; Emirados Árabes Unidos; Egipto; Eslováquia; Eslovénia; Filipinas; Guiné-Bissau; Hungria; Ilhas Maurícias; Índia; Koweit; Letónia; Líbia; Lituânia; Macau; México; Moçambique; Paquistão; Paraguai; Perú; Polónia;

referir que todos os *instrumentos* que acabamos de referir apresentam uma *característica extremamente importante*: dos vários mecanismos de *resolução de litígios* – "*fork in the road*"[481]- a *arbitragem ICSID* surge sempre como uma alternativa possível[482].

Por outro lado, é necessário salientar que a problemática das "*umbrella clauses*" não é apenas um problema *meramente teórico* que se discute no *plano das arbitragens internacionais ICSID*. Se analisarmos o n.º 2 do art. 10.º do *Acordo entre a República Portuguesa e a República Popular da China sobre a Promoção e Protecção Recíproca de Investimentos*[483], quando determina que "[a]s Partes cumprirão qualquer outra obrigação assumida em relação aos investimentos realizados por investidores da outra Parte no seu território", verificamos que existe o "perigo" de o *ordenamento jurídico português* ser exposto a um *tema extremamente controverso* e que, em regra, nada beneficia os *Estados* quando são condenados a pagar indemnizações aos *investidores estrangeiros*.

Por outro lado, é necessário referir que o DL n.º 191/2014, de 31 de Dezembro, estabelece, no n.º 1 do art. 9.º, o recurso à *via arbitral* como uma das possibilidades de *resolução de litígios emergentes da interpretação e aplicação do CI*, com excepção da matéria relativa aos *incentivos fiscais*. No nosso entender, esta redação, além de *não ser clara*, revela um *profundo desconhecimento das arbitragens ICSID*.

A redacção do n.º 1 do art. 9.º do DL n.º 191/2014, de 31 de Dezembro, *não é clara* pois omite o *âmbito da arbitragem* que é admissível na *resolução de litígios* de um *CI*. A dúvida consiste em saber se apenas se admite a *arbitragem nacional* ou, para além desta, se admite também a *arbitragem internacional*[484]. O facto de a *parte final da norma* referir "com excepção do que diga respeito a matéria relativa aos incentivos fiscais", sugere que o *legislador* apenas quer admitir a *arbitragem nacional*. Esta *interpretação* resulta de reticências que ainda existem na admissão de certas matérias à *arbitragem no ordenamento jurídico português*[485].

Qatar; República Checa; Roménia; Sérvia; Timor-Leste; Tunísia; Turquia; Ucrânia; Uruguai e a Venezuela. Cf. www.aicep.pt.

481 Cf. Schreuer: 2004, 239.

482 Neste sentido, Dário Moura Vicente: 2011, 763.

483 Aprovado pelo Decreto n.º 17/2008, de 26 de Junho.

484 Referindo o mesmo problema, Tânia Cunha: 2006, 116.

485 Neste sentido, José Miguel Esquivél: 2004, 201 e ss.

No entanto, cremos que a *melhor interpretação* seja aquela que admite a abertura do n.º 1 do art. 9.º do DL n.º 191/2014, de 31 de Dezembro, à *arbitragem internacional*[486]. Na verdade, é neste contexto "*despolitizado*", que a *resolução de litígios* de um *CI celebrado com investidores estrangeiros* deve ser dirimida[487], interpretação que, por sua vez, se coaduna com a prática de aposição de *cláusulas compromissórias* no *CI*[488].

Por outro lado, entendemos que a redacção do n.º 1 do art. 9.º do DL n.º 191/2014, de 31 de Dezembro, revela um *profundo desconhecimento das arbitragens ICSID*. Neste contexto, onde é criado um *corpo de Direito do Investimento Estrangeiro*[489], existe um *consentimento estadual genérico* relativo às *questões* que podem ser *objecto de arbitragem*[490]. Como consequência, fazem parte do *âmbito de arbitragem ICSID* a resolução de litígios relativos a *incentivos fiscais*.

## 2.5. Conclusão da Segunda Parte

A segunda parte da presente exposição foi conduzida com o objectivo de demonstrar a evolução das transformações do *Estado* no domínio jurídico-económico. Neste sentido, podemos afirmar que existe uma grande *mutabilidade* das formas de actuação pública ao longo dos tempos. Os *institutos jurídicos clássicos*, pensados para a concretização de *tarefas públicas*, sofrem, consequentemente, transformações. Assim, se a *regulação*, a *responsabilidade pública de garantia* e a *accountability*, representam a "pedra de toque" do actual paradigma de Estado, também verificamos, como consequência daquele paradigma, que é sobre os *privados*, através de *actuações consensuais*, que recai grande parte da prossecução de actividades objecto de *liberalizações e privatizações*, principalmente de *public utilities*.

É neste contexto que grande parte dos *IE's* são realizados em momentos de *crise económico-financeira* (*v.g.*, crise Argentina). Também o ordenamento

[486] Segundo Sérvulo Correia, os litígios emergentes do *CI*, previsto no DL n.º 203/2003, de 10 de Setembro, serão também diferendos «directamente decorrentes de um investimento», na acepção prevista no n.º 1 do art. 25.º da *Convenção de Washington*, na medida em que a operação incentivada mereça a qualificação de investimentos. Cf. SÉRVULO CORREIA: 2010, 822 e 823.

[487] No mesmo sentido, SORNARAJAH: 2010, 286; GUS VAN SCHILL: 2008b, 15 e SCHREUER: 2004, 241.

[488] Dando conta deste entendimento, GUS VAN HARTEN: 2005, 606; HIRSCH: 1992, 48 e PHILLIPE KAHN: 1968, 7.

[489] Neste sentido, LOWENFELD: 2008, 572.

[490] Dando conta desta realidade, GUS VAN HARTEN: 2005, 607.

jurídico português é um exemplo deste contexto, designadamente, com as privatizações da *REN*, dos *CTT* ou da *TAP*, existindo um aumento da receptividade quanto à entrada de *IE* no ordenamento jurídico nacional. Consequentemente, emergem *novas questões jurídicas* que necessitam de ser articuladas com os fenómenos de *internacionalização das economias*.

Embora o instrumento fundamental de concretização de um *IE* seja o *CI*, também este necessita de uma *reconfiguração das suas características essenciais*. Não temos dúvidas em qualificar o *CI* como um *verdadeiro contrato*. Para nós, esta é a doutrina que melhores argumentos apresenta quanto à caracterização do *CI*. Porém, entendemos questionável a integração do *CI* como um subtipo de *contrato económico*. Na verdade, a doutrina portuguesa refere-se aos *contratos económicos* como contratos que apresentam duas características essenciais: (*i*) serem contratos celebrados por pessoas colectivas integradas na Administração Pública e (*ii*) serem contratos celebrados no âmbito de uma intervenção económica da Administração. Todavia, um olhar mais atento ao *CI* permite colocar em causa a sua categorização como *contrato económico*.

Embora o *CI* seja celebrado através da AICEP, pessoa *colectiva de direito público*, constatamos que esta entidade, no momento da celebração do *CI*, actua não em representação da Administração Pública, mas sim, como indica o n.º 2 do art.º 2 assim como o n.º 1 do artigo 4.º, ambos do D.L. 191/2014, de 31 de Dezembro, em "*representação do Estado*". Deste modo, e não obstante o suporte que deriva do argumento *literal* da norma em questão, entendemos que a inadequação da qualificação do *CI* como contrato económico é corroborada, adicionalmente, através dois grandes argumentos de cariz *teleológico*.

O primeiro argumento resulta do *âmbito das contrapartidas* concedidas no *CI* na medida em que ultrapassam, em muito, a concretização de uma *competência meramente administrativa*. A este respeito importa salientar a naturalidade com que são apostas *cláusulas de estabilização* em *CI's* e de toda a conceptualização já referida sobre estas cláusulas. Por outro lado, e como segundo argumento, importa a existência de um relacionamento tido como necessário, mas não absoluto, entre o *CI* e *acordos internacionais de investimento*, faz com que a existência de uma *entidade no exercício de uma função administrativa* represente um "elemento estranho" numa relação onde se pretende um compromisso internacional de um Estado como indicam as arbitragem *ICSID*.

Nestes termos, é questionável a integração do *CI* como um *subtipo* de *contrato económico.* Por outro lado, a existência de "*umbrella clauses*", fortemente regidas e interpretadas por disposições de direito internacional, apela a uma interpretação do *CI* de difícil articulação com os institutos jurídicos típicos dos ordenamentos internos dos *Host States,* designadamente a inovação do interesse público, típico em contratos administrativos.

# Terceira Parte
# A *natureza jurídica do Contrato de Investimento* a partir de subsídios doutrinários

A conceptualização da *natureza jurídica* do *CI* no ordenamento jurídico português *não é* marginalizada na doutrina[491]. Todavia, entendemos que a argumentação que é efectuada sobre o problema não reflecte o *carácter interdisciplinar* que o *tema* exige. A excepção a este paradigma é feita por Vieira de Andrade / Figueiredo Marcos[492] e Suzana Tavares da Silva[493]. Os estudos dos referidos autores demonstram a exposição do *CI* a *outros paradigmas*, ou seja, não se circunscrevem a uma análise *meramente interna* e inerente aos ordenamentos jurídicos nacionais.

Entendemos que a análise à *natureza jurídica* do *CI* requere, inevitavelmente, a *compreensão de diferentes perspectivas*. Neste sentido, a nossa atenção centra-se, como temos vindo a referir desde a primeira parte do presente

[491] Assim, Vieira de Andrade / Figueiredo Marcos: 2013, 144 e ss; Cabral de Moncada: 2012a, 470 e ss; *Idem*: 2007, 111 e ss; Santos / Gonçalves / Marques: 2011, 216 e ss; Marcelo Rebelo de Sousa / André Salgado Matos: 2009, 78; Tânia Cunha: 2006, 73 e ss; Casalta Nabais: 2005, 428; *Idem*: 1994, 202; Eduardo Paz Ferreira: 2001, 353; Esteves de Oliveira / Pedro Gonçalves / Pacheco de Amorim: 1997, 815; Pamplona Corte-Real: 1993, 250 e 251; Esteves de Oliveira:1984, 639; Sousa Franco: 1988, 337 e 338 e Mota Pinto:1981, 126.

[492] Cf. Vieira de Andrade / Figueiredo Marcos: 2013, 144 e ss.

[493] Cf. Suzana Tavares da Silva: 2013, 117 e ss

estudo, na *arbitragem internacional de investimento* e na *autonomização* do *Direito do Investimento Estrangeiro.* Aqui, a *fluidez das respostas* que são mobilizadas revelam a necessidade de convocar, não só *diferentes ramos do direito,* mas também uma *heterogeneidade na formação académica dos intervenientes*[494]. Como consequência, as soluções que são obtidas revelam uma *intersecção de vários campos de análise*[495], determinando um carácter *sui generis* às teorizações sobre a *natureza jurídica do CI*[496].

### 3.1. A natureza jurídica do *Contrato de Investimento*: Perspectiva de *Direito Privado*

A adopção de uma perspectiva de *direito privado,* como *fundamentação expressa* da *natureza jurídica do CI,* é adoptada por Tânia Cunha e Cabral de Moncada. Já Casalta Nabais sustenta, actualmente, que o *CI* não é, como ponto de partida, um *contrato administrativo.*

#### 3.1.1. A posição de Casalta Nabais

Segundo a posição sustentada por Casalta Nabais a *ausência* de uma tomada de *posição legislativa* sobre a *natureza jurídica do CI* revela uma *alteração de paradigma* sobre esta questão. Neste sentido, desde a adopção do DL n.º 321/95, de 28 de Novembro, que não é cumprida, no *ordenamento jurídico português,* a *tradição legislativa* de qualificar o *CI* como um *contrato administrativo.*

Qualificando o *CI* como um *contrato de atribuição económica,* Casalta Nabais entende que actualmente *não existem argumentos* que viabilizem a *qualificação* do *CI* como *contrato administrativo,* uma vez que a sua *administratividade* não deriva ao seu *objecto*[497], mas sim de uma *imposição legal* que era adoptada pelo legislador português[498]. Todavia, o autor admite a *possibilidade* de se atender à "*vontade das partes*" enquanto critério de *administratividade*

[494] Salientando estes aspectos, Zivkovic: 2012a, 1; Schill: 2011a, 10; Tiago Duarte: 2008, 802 e Júdice: 2008, 702 e ss.

[495] Cf. Anthea Roberts: 2013, 6.

[496] Neste sentido, Anthea Roberts: 2013, 55 e 56 e Vieira de Andrade / Figueiredo Marcos: 2013, 149.

[497] Referimo-nos aos *contratos administrativos por natureza,* ou seja, aqueles contratos que "estão submetidos a um regime de Direito Administrativo, em razão da natureza pública do seu objecto". Cf. Aroso de Almeida: 2011, 11.

[498] Cf. Casalta Nabais: 2005, 428.

do *CI*[499]. Este entendimento, tendo em conta o CCP, traduz-se na categoria dos *contratos administrativos por qualificação das partes*[500], nos termos da *al. a)* do n.º 6 do art.º 1.

### 3.1.2. A posição de Tânia Cunha

Atendendo à actual *ausência de qualificação da natureza jurídica* do *CI*, Tânia Cunha efectua uma *construção* com base nas *características do contrato administrativo*, mas à luz do anterior CPA[501]. De acordo com este regime, hoje revogado[502], a determinação da *administratividade* de um *contrato* era efectuada com base no *conceito* de *"relação jurídica administrativa"* (cf. n.º 1 do art.º 178.º do CPA). Percorrendo a *doutrina nacional* com o intuito de densificar aquele *conceito*, a autora conclui que "a consagração dos chamados poderes exorbitantes, designadamente dos que decorrem do art.º 180.º do CPA, a par da legitimidade subjectiva para a celebração dos contratos administrativos, constituem os critérios que, pela sua particularidade, permitem identificar a natureza dos contratos celebrados pela Administração Pública ou por privados investidos dos seus poderes"[503].

Aderindo a um *critério substantivo* para *qualificar os contratos administrativos*, (*critério das cláusulas exorbitantes*), a autora parte para a determinação, em concreto, da *natureza jurídica* do *CI*[504]. No que diz respeito à *prossecução de fins públicos*, Tânia Cunha refere a necessidade de o *CI* demonstrar um *"especial interesse para a economia portuguesa"*. Relativamente ao *contratante público*, a análise incide sobre os estatutos da *API*[505], hoje revogados pelos estatutos da *AICEP*[506], que indicam a existência de uma *pessoa colectiva de direito público com natureza empresarial*, cujas regras estatutárias estabelecem

[499] Cf. Casalta Nabais: 2005, 428.

[500] Adoptamos a terminologia proposta por Aroso de Almeida. Cf. Aroso de Almeida: 2011, 22 e ss.

[501] Cf. Tânia Cunha: 2006, 65 e ss.

[502] Não obstante a sua revogação, Mark Kirkby, entende que este regime ainda é susceptível de ser aplicado a situações concretas anteriores à entrada em vigor do CCP. Cf. Kirkby: 2010, 763.

[503] Cf. Tânia Cunha: 2006, 70.

[504] Cf. Tânia Cunha, 2006, 75 e ss.

[505] Os *estatutos da API* constavam do anexo ao DL n.º 225/02, de 30 de Outubro.

[506] Os estatutos da AICEP constam do anexo ao DL n.º 229/2012, de 26 de Outubro.

a mobilização de *normas de direito privado*, nas relações com terceiros, em consonância com o *Regime do Sector Empresarial do Estado*.

Todavia, é na análise ao *exercício de poderes de autoridade*, ou seja, dos *poderes de conformação da relação contratual*, que consideramos que a autora refere o *argumento fulcral* para sustentar a sua posição: "não estão previstas quaisquer cláusulas exorbitantes, caracterizadoras dos contratos administrativos, nos contratos de investimento, designadamente nos contratos de IDE celebrados a partir de 1995"[507]. Neste sentido, e embora reconheça que nos *contratos administrativos de atribuição* os *poderes exorbitantes* sejam de *menor intensidade*[508], a autora acaba por *qualificar* o *CI* como um *contrato de direito privado*[509].

### 3.1.3. A posição de Cabral de Moncada

Para Cabral de Moncada, *qualificar* o *CI* como *contrato administrativo* é criar "um regime pensado para afugentar o investidor estrangeiro"[510]. Segundo o autor, o regime jurídico instituído pelo DL n.º 203/2003, de 10 de Setembro (actualmente revogado pelo D.L. n.º 191/2014, de 31 de Dezembro), "está pela primeira vez pensado entre nós para atrair e não para repelir projectos de investimento"[511]. Deste modo, entende que é a *natureza privada* a que melhor satisfaz as exigências *liberalizadoras das relações económicas*[512]. Construindo a sua *argumentação* segundo o *regime jurídico (revogado) do contrato administrativo* do CPA[513], o autor entendia que não se manifestavam os poderes a que o art. 180.º do CPA aludia, à excepção de um: o *poder discricionário*, por parte da AICEP, *de rescisão do CI*, nos termos do n.º 1 do art. 8.º do DL n.º 203/2003, de 10 de Setembro. Nestes termos, e segundo Cabral de Moncada, "o contrato de investimento, apesar de não ser um contrato administrativo, é ainda um contrato em que os

507 Cf. Tânia Cunha: 2006, 82.

508 Salientando este aspecto, Pedro Gonçalves: 2004, 65; Esteves de Oliveira / Pedro Gonçalves / Pacheco de Amorim: 1997, 813 e Sérvulo Correia: 1987, 421 e 422.

509 Cf. Tânia Cunha: 2006, 79.

510 Cf. Cabral de Moncada: 2012a, 474.

511 Cf. Cabral de Moncada: 2007, 112.

512 Cf. Cabral de Moncada: 2007, 112. O autor refere facto que esta argumentação já era possível ser constatado, implicitamente, no n.º 4 do art. 6.º do DL n.º 321/95 e do DR n.º 2/96, de 16 de Maio.

513 Referimo-nos a, Cabral de Moncada: 2007, 89 e ss.

poderes unilaterais da Administração não deixam de estar presentes, tendo em conta as responsabilidades financeiras envolvidas, ou seja, tendo em conta o peso decisivo do interesse público envolvido"[514].

Com a entrada em vigor do CCP, constatamos que CABRAL DE MONCADA continua a sustentar a mesma posição, ou seja, que o *CI* corresponde a um *contrato de direito privado*[515].

### 3.1.4. Implicações de uma perspectiva privatística no *Contrato de Investimento*

Adoptar uma *perspectiva* de *direito privado* para qualificar a *natureza jurídica do CI* implica conceptualizar esta *relação* como uma *relação jurídica paritária* (horizontal), entre um *Host State* e um *investidor*[516], ou seja, uma relação onde os *Estados* intervêm "*despidos de «imperium» ou poder soberano*"[517]. Uma abordagem com estas características permite, em parte, explicar a *tentativa*, por parte dos *investidores*, de mobilizar *instrumentos* (*cláusulas*) cujo objectivo é o de estabelecer um "*check and balance*" na *relação contratual*, designadamente, quanto à questão da *álea legislativa*[518]. Na verdade, esta é um das principais características que a *arbitragem internacional de investimento* visa alcançar[519], designadamente, quanto à *abolição de imunidades jurisdicionais dos Host States*[520].

Tendo em conta este contexto, verificamos que existem *construções jurídicas* cuja argumentação adquire um *carácter análogo* às soluções oferecidas pela *arbitragem comercial internacional* e *lex mercatoria*[521] para explicar a relação que é constituída no domínio do *IE*. No entanto, e como assinala a doutrina, do nosso ponto de vista correctamente, esta é uma solução que não considera (*i*) as especificidades da natureza *das obrigações* assumidas no âmbito do *IE*, (*ii*) a *natureza* e *âmbito do consentimento* do *Host State* para

[514] Cf. CABRAL DE MONCADA: 2007, 131.

[515] Cf. CABRAL DE MONCADA: 2012a, 478.

[516] Expondo esta possibilidade, ANTHEA ROBERTS: 2013, 22. Sobre a *paridade das relações de direito privado*, V., MOTA PINTO: 2005, 59.

[517] Cf. MOTA PINTO: 2005, 40.

[518] Cf. LIMA PINHEIRO: 2005a, 138 e 139.

[519] Cf. SÉRVULO CORREIA: 2010, 823.

[520] Cf. ANTHEA ROBERTS: 2013, 22.

[521] Para uma análise às principais questões da *lex mercatoria*, V., LIMA PINHEIRO: 2003, 854 e ss.

desencadear as arbitragens e *(iii)* a relação entre as partes[522]. Por outro lado, e quanto à concreta *resolução de litígios*, é necessário considerar as especificidades da arbitragem *ICSID*. Isto porque "o processo arbitral CIRDI/ICSID é um processo inteiramente autónomo. As regras processuais são as da instituição, aplicadas à luz da jurisprudência formada no seu seio"[523], "não se atribui[ndo] geralmente à *lex mercatoria* um papel relevante"[524].

Parte do raciocínio exposto, ou seja, uma *relação jurídica paritária* é, também, influenciado na existência de *cláusulas de intangibilidade* e de *cláusulas de estabilização*, enquanto *cláusulas típicas* apostas ao *CI*[525] – o que pode ser interpretado como um *elemento de direito privado*[526]. Na verdade, estas *cláusulas* visam *limitar* a *margem de livre conformação normativa dos Estados* no que diz respeito ao *exercício de prerrogativas de poder público estadual*. Porém, dada a especial incidência na *estabilização* de *disposições normativas*, no domínio *laboral*, *fiscal* ou *ambiental*[527], parte da doutrina chama a atenção para o facto de a *natureza jurídica das cláusulas em questão* não ser compatível com uma *natureza privada*, mas sim com uma *natureza público-internacional*, determinando, consequentemente, uma *internacionalização do CI*[528].

Uma *visão privatística do CI*, segundo a qual o *Estado* actua sem prerrogativas de "*ius imperium*", implica uma articulação com determinadas problemáticas. Como explica Maria João Estorniho, o *Estado*, enquanto entidade pública, não deixa de estar subordinado a certos princípios de *direito público*, designadamente, a *prossecução do interesse público*, quando mobiliza *expedientes privatísticos*[529]. Deste modo, é de difícil compreensão uma argumentação *exclusivamente* privatística da *natureza jurídica do CI*, principalmente quando este contrato incide sobre a exploração de *recursos naturais* ou *infraestruturas* do tipo *public utilities*.

522 Cf. Schill: 2011a, 13; *Idem*: 2011c, 1084 e Harten / Loughlin: 2006, 140.

523 Cf. Sérvulo Correia: 2010, 830.

524 Cf. Lima Pinheiro: 2003, 818.

525 Dando conta da tipicidade destas cláusulas, Dário Moura Vicente: 2011, 752; Sornarajah: 2010, 281 e ss; Shemberg: 2008, 4 e Cotula: 2007, 2.

526 Vieira de Andrade e Figueiredo Marcos referem a existência de um *"corpo de direito privado"* no *CI*. Cf. Vieira de Andrade / Figueiredo Marcos: 2013, 146.

527 Cf. Shemberg: 2008, 4.

528 Neste sentido, Lowenfeld: 2008, 498; Lima Pinheiro: 2005a, 170; *Idem*: 2003, 748 e 749 e Fausto de Quadros: 1998, 54. Expondo esta possibilidade, Sornarajah: 2010, 282.

529 Cf. Maria João Estorninho: 1999, 363.

Por outro lado, é necessário saber em que termos é que uma *visão privatística do CI* se relaciona com os *International Investments Agreements*, designadamente, com a questão das "*umbrella clauses*"[530], mas também com os *institutos jurídicos* próprios do *direito internacional privado*, designadamente, com o *princípio da excepção da ordem pública internacional*[531] ou a aplicação de *normas de aplicação imediata*[532].

### 3.1.4.1. A regra de conflitos do n.º 2 do art. 42.º do C. Civ. e a sua relação com a Convenção de Washington

A *natureza privatística do CI* assume contornos de difícil argumentação quando se verifica a ausência de *determinação da lei aplicável* ao *contrato*. Nos termos da *segunda parte do n.º 1 do art. 42.º da Convenção de Washington*, na *ausência de um acordo* entre as partes sobre a resolução deste problema[533], deverá o tribunal aplicar a lei do Estado Contratante parte no diferendo (incluindo as regras referentes aos conflitos de leis), bem como os princípios de *direito internacional aplicáveis*. É deste modo que a referência as *regras de conflitos*[534] surge como o grande argumento para a tese da *natureza privatística do CI*, uma vez que no âmbito do *direito internacional privado* aquele *instituto jurídico* surge como *mecanismo clássico* na resolução do problema em questão [535].

No ordenamento jurídico português, na *ausência de determinação da lei aplicável às obrigações contratuais* pelas partes, e uma vez efectuada a *qualificação* que determine a aplicação da segunda parte da *regra de conflito* prevista no n.º 2 do art. 42.º do C.Civ. (critério supletivo da lei reguladora

[530] A doutrina refere a existência de uma zona de fronteira entre o *direito público* e o *direito privado*. Neste sentido, ANTHEA ROBERTS : 2013, 22.

[531] Sobre este princípio em geral, BAPTISTA MACHADO: 2011, 253 e ss e FERRER CORREIA: 2007, 405 e ss.

[532] Sobre este tipo de normas, *V.*, MARQUES DOS SANTOS:1991.

[533] Como já referimos, a jurisdição ICISD pode ser atribuída através de um *BIT* ou através de *cláusula compromissória* aposta a um *CI*. Neste sentido, TIAGO DUARTE: 2008, 774; HARTEN: 2005, 606 e HIRSCH: 1992, 48.

[534] No entender de FERRER CORREIA, as *regras de conflitos* visam "delimitar um sector ou matéria jurídica, uma questão ou núcleo de questões de direito, e indicar, de entre os elementos da factualidade concreta, aquele por intermédio do qual se há-de apurar a lei aplicável em tal domínio". Cf. FERRER CORREIA: 2007, 179.

[535] Neste sentido, FERRER CORREIA: 2007, 179.

das obrigações), dever-se-á aplicar a *lei do lugar da celebração do contrato* que, em regra, será a lei de um *Host State*[536]. Por outro lado, a resposta que o *Regulamento Roma I*[537] oferece ao problema também não é diferente. Embora seja controversa a sua aplicação no *CI*, uma vez que o seu *âmbito de aplicação material* é circunscrito às *obrigações contratuais em matéria civil e comercial*[538], constatamos que, a ser aplicado, o n.º 2 do art. 4.º determina a aplicação da lei do país em que o contraente que deve efectuar a *prestação característica do contrato*[539] tem a sua *residência habitual*[540].

Sendo a prestação característica do *CI* "o conjunto de regalias ou incentivos proporcionados"[541], constatamos que a lei aplicável na *ausência da escolha pelas partes*, é a lei do próprio *Host State*.

Embora ambas as soluções cheguem à mesma conclusão, ou seja, a *aplicação da lei nacional de um Host State*[542], a questão não fica resolvida. Isto porque é necessário dar efectividade à *segunda parte do n.º 1 do art. 42.º da Convenção de Washington*, ou seja, a aplicação de "*princípios de direito internacional aplicáveis*" que, de acordo com alguma doutrina que se apoia nos trabalhos preparatórios da Convenção, refere a aplicação de *princípios de direito internacional público*, designadamente, sob a influência do art. 38.º do ETIJ.

A questão é *extremamente controversa* e representa a *essência do âmbito do Direito do Investimento Estrangeiro*: como harmonizar a aplicação do direito interno de um *Host State* com os *standards internacionais* característicos de protecção dos investidores estrangeiros.

[536] Lima Pinheiro, indagando sobre a aplicação dos art's. 41º e 42º do C. Civ. no âmbito dos contratos de Estado submetidos à jurisdição ICISD, acaba por defender a inadequação da sua aplicação. Para o autor, tal inadequação deriva de a limitação da liberdade de escolha da lei aplicável assim como no estabelecimento, enquanto regra supletiva para os contratos onerosos entre partes localizadas em diferentes países, da competência da lei do lugar da celebração. Cf. LIMA PINHEIRO: 2008, 86.

[537] Regulamento (CE) N.º 593/2008 do Parlamento Europeu e do Conselho, de 17 de Junho de 2008, sobre a lei aplicável às obrigações contratuais (Roma I).

[538] Criticando este facto, LIMA PINHEIRO: 2008, 83.

[539] Sobre a regra da *prestação característica* do n.º 2 do art. 4.º do *Regulamento Roma I*, V., GALVÃO TELES: 2004, 64 e ss.

[540] Neste sentido, DÁRIO MOURA VICENTE: 2003, 9.

[541] Cf. SÉRVULO CORREIA, 1987, 425.

[542] No mesmo sentido, LIMA PINHEIRO: 2008, 86. Salientando este facto como uma característica do direito internacional privado nesta matéria, PHILLIPE KAHN: 1968, 22

### 3.2. A natureza jurídica do *Contrato de Investimento*: Perspectiva de *Direito Público*

A determinação da *natureza jurídica* do *CI* no ordenamento jurídico português tem acolhido, historicamente, a *qualificação* de *contrato administrativo*[543]. Esta *interpretação*, no nosso entender, é fundamentada numa interpretação que privilegia o elemento *literal* e *histórico* do regime jurídico do *CI* (estrangeiro). De facto, todos os diplomas legislativos que disciplinaram o *regime jurídico* do *CI* até 1995 dispunham de um *regime jurídico* que *qualificava expressamente* este contrato como *contrato administrativo*, entendimento, saliente-se, sustentado na doutrina portuguesa, designadamente, por CARLOS MOTA PINTO[544], SÉRVULO CORREIA[545], CARLOS PAMPLONA CORTE-REAL[546] e CASALTA NABAIS[547].

Entre os autores *supra* referidos, é na *reflexão* de SÉRVULO CORREIA que encontramos a primeira grande abordagem teórica à *natureza jurídico-administrativa* do *CI*. Segundo o Autor, o *acordo de vontades* subjacente ao *CI* impunha a "produção de um conjunto de efeitos de direito que se enquadra[va]m no tipo de um contrato nominado unicamente conhecido do Direito Administrativo"[548].

Por força da "causa-função" do *contrato* em questão, SÉRVULO CORREIA acaba por qualificar *jurídicamente o CI como* um *contrato administrativo de atribuição*[549]. Todavia, entendemos que esta é uma posição que implica, cerca de *três décadas* passadas, *duas observações*. Em *primeiro lugar*, é uma posição que data dos *finais da década de 80*, ou seja, *um ciclo histórico-cultural descontextualizado de um paradigma internacional, influenciado na emergência de um corpo de princípios que hoje traduzem a emergência de um Direito do Investimento Estrangeiro* e cujas características já foram abordadas na primeira parte deste trabalho. Em *segundo lugar*, é necessário salientar que na *década de 80 o regime jurídico* do *CI* no ordenamento jurídico português centrava as suas preocupações

[543] Cf. n.º 3 do art. 5.º do DL n.º 239/76, de 6 de Abril; n.º 4 do art. 5.º do DL n.º 348/77, de 24 de Agosto, e o n.º 2 do art. 2º do DR n.º 24/86, de 18 de Julho que procedeu à regulamentação do DL n.º 197-D/86, de 18 de Julho.

[544] Cf. CARLOS MOTA PINTO: 1981, 125 e 126.

[545] Cf. SÉRVULO CORREIA: 1987, 399.

[546] Cf. PAMPLONA CORTE-REAL: 1993, 261.

[547] Cf. CASALTA NABAIS: 1994, 202.

[548] Cf. SÉRVULO CORREIA: 1987, 399.

[549] Cf. SÉRVULO CORREIA: 1987, 425.

*exclusivamente* no *investimento estrangeiro*. Neste sentido, é possível afirmar que a mobilização *do contrato administrativo* representava uma "solução natural" para "controlar" esta *específica modalidade de investimento*[550].

### 3.2.1. A relevância do *elemento histórico* na *qualificação jurídica* do *CI* como *contrato administrativo*

As características do *contrato administrativo* encontram-se estudadas no *ordenamento jurídico português*[551]. Como salienta a *doutrina portuguesa*, a figura do *contrato administrativo* "foi e continua a ir buscar a sua principal razão de ser à necessidade de flexibilizar a rigidez típica do vínculo contratual quando estão em causa contratos cujo conteúdo pode condicionar de forma relevante o modo como em cada momento a Administração pretende (...) realizar as suas atribuições"[552].

Superadas as *reflexões inicias* de OTTO MAYER e FRITZ FLEINER relativas às *limitações gerais da mobilização da figura do contrato administrativo no domínio do exercício de poderes públicos*[553], verificamos que é no *ordenamento jurídico francês*, por impulso do *Conseil d'État*, que se inicia a construção, inicialmente justificada em termos *processuais* e, posteriormente, em função de uma autonomia *substantiva*[554], de uma realidade contratual própria do Direito Administrativo, ou seja, o *contrato administrativo.*

No ordenamento jurídico português, o *Código Administrativo de 1940* determinava, no § 2 do art. 815.º, uma *enumeração taxativa* dos *contratos administrativos* celebrados entre a *Administração* e os *particulares* para *fins de imediata utilidade pública*[555]. Não obstante as críticas a esta posição (já

[550] Não obstante estas duas notas, cumpre referir que MARCELO REBELO DE SOUSA e ANDRÉ SALGADO DE MATOS, com base no regime jurídico do *CI* estabelecido no DL n.º 203/2003, de 10 de Setembro, continuam a qualificar o *CI* como um *contrato administrativo no âmbito do direito económico (direito administrativo especial)*, embora não justifiquem a sua posição. Cf. MARCELO REBELO DE SOUSA / ANDRÉ SALGADO MATOS: 2009, 78.

[551] *V., v.g.*, PEDRO GONÇALVES: 2004 e CASALTA NABAIS: 1994, 48 e ss. Para uma análise à história do contrato administrativo no ordenamento jurídico português, MARQUES GUEDES: 1991, 9 e ss.

[552] Cf. KIRKBY: 2010, 771.

[553] Expondo as razões deste entendimento, PEDRO GONÇALVES: 2004, 14.

[554] Cf. MARIA JOÃO ESTORNINHO: 2012, 161. É com o *Conseil D'Etat* que é autonomizada a figura do *contrato administrativo*, designadamente, com o *arrêt Compagnie nouvelle du gaz de Deville-lès-Rouen*. LONG / WEIL / BRAIBAND / DEVOLVÉ / GENEVOIS: 1993, 52 e ss

[555] Cf. MARCELLO CAETANO: 1980, 580; FREITAS DO AMARAL: 2008, 511e *Idem*: 1965, 181.

manifestadas por MELO MACHADO ao § único do art. 695.º do *Código Administrativo* de 1936), o entendimento sufragado por MARCELLO CAETANO, autor do *Código Administrativo de 1940*, era justificado com um *argumento teleológico*, ou seja, a própria concepção da natureza do *contrato administrativo*. Deste modo, e segundo MARCELLO CAETANO, a *taxatividade dos contratos administrativos* pressuponha um *regime especial (processual) submetido à jurisdição administrativa*, sendo irrelevante a aplicação de um *regime substantivo de direito público*[556].

É com FREITAS DO AMARAL que as debilidades da solução jurídica estabelecida no § 2 do art. 815.º no Código Administrativo de 1940[557] são evidenciadas. Através do contrato de *utilização do domínio público pelos particulares*[558] este autor acaba por demonstrar que o *regime jurídico português* era incapaz de justificar não só os *contratos administrativos por natureza*, mas também relações jurídicas que não pressuponham *relações de sujeição*[559]. É neste sentido que os *Estatuto dos Tribunais Administrativos e Fiscais* de 1984 acabam por superar o *paradigma da taxatividade dos contratos administrativos* no ordenamento jurídico português[560].

A particularidade do *CI* neste âmbito prende-se com o facto de o regime contratual que lhe é, ou foi, subjacente ao longo dos tempos, ter como fundamento a figura do *contrato administrativo*[561]. Todavia, esta solução representou uma *alteração ao paradigma contratual português na década de 80*, uma vez que o *CI* configurou o "primeiro caso em que o legislador rompe a tipicidade (e a taxatividade) da noção de contrato administrativo consagrada pelo Código Administrativo"[562].

### 3.2.2. *Contrato de Investimento* e o *CCP*

Qualificar o *CI* como um *contrato administrativo* implica a possibilidade de aplicação dos *instrumentos jurídico-administrativos* que disciplinam esta

556 Cf. MARCELLO CAETANO: 1980, 581.

557 Cf. FREITAS DO AMARAL: 1965, 190.

558 Cf. FREITAS DO AMARAL: 1965, 183 e ss.

559 Neste sentido, SÉRVULO CORREIA: 1987, 369.

560 No mesmo sentido, KIRKBY: 2010, 786.

561 Cf. n.º 3 do art. 5.º do DL n.º 239/76, de 6 de Abril; n.º 4 do art. 5.º do DL n.º 348/77, de 24 de Agosto, e o n.º 2 do art. 2º do DR n.º 24/86, de 18 de Julho que procedeu à regulamentação do DL n.º 197-D/86, de 18 de Julho.

562 Cf. CARLOS MOTA PINTO: 1981, 126.

específica realidade contratual. Neste sentido, entendemos que uma das questões fundamentais que é necessário responder é a de saber se o *CCP*, ou seja, o código que estabelece a *disciplina aplicável à contratação pública e o regime substantivo dos contratos públicos que revistam a natureza de contratos administrativos* (cf. n.º 1 do art. 1.º do CCP) deve, ou não, ser aplicado na disciplina jurídica do *CI*.

No entender da doutrina portuguesa, a aprovação do *CCP* implicou o regresso à "antiga ideia de uma *enumeração*, ainda que agora substancial e aberta, dos "contratos administrativos"[563], característica que resulta das várias *al's.* do n.º 1 do art. 280.º do CCP, entendidas como *índices* ou *factores de administratividade* do *contrato administrativo*[564]. Deste modo, com a aprovação do CCP, superou-se a formulação adoptada pelo *CPA* de 1991 que impunha a existência de uma *relação jurídica administrativa* para a *qualificação de um contrato* como *contrato administrativo*, segundo a *cláusula geral* do n.º 1 do art. 178.º[565].

Não obstante a *inexistência de um critério unitário relativo à identificação da natureza jurídica dos contratos administrativos no CCP*[566], é possível verificar na doutrina a necessidade de mobilizar diversos critérios (*substancias e formais*) para alcançar uma determinada conclusão[567]. Relativamente a esta questão, entendemos que a melhor posição sobre este assunto é a de Mário Aroso de Almeida. Segundo o autor, as categorias contratuais previstas nas *al's.* do n.º 1 do art. 280.º do *CCP* reconduzem-se em três categorias: (*i*) *contratos administrativos por natureza* (*al's b*), *c*) e *d*); (*ii*) *contratos administrativos por determinação da lei* (*al. a*) e (*iii*) *contratos administrativos por qualificação das partes* (*al. a*)[568].

[563] Cf. Vieira de Andrade: 2010, 9.

[564] Neste sentido, Freitas do Amaral: 2012, 558.

[565] Para uma análise à questão, V. Esteves de Oliveira / Pedro Gonçalves / Pacheco de Amorim: 1997, 809. Salientando a adopção de um *critério estatutário*, Pedro Gonçalves: 2004, 50. Criticando esta solução, Aroso de Almeida: 2011, 11 e *Idem*: 2007, 7.

[566] Neste sentido, Marcelo Rebelo de Sousa / André Salgado Matos: 2009, 37.

[567] Para uma análise aos diversos critérios propostos de determinação da *natureza jurídica do contrato administrativo*, Maria João Estorninho: 2012, 161 e ss e Kirkby: 2010, 765 e ss.

[568] Para uma análise individualizada de cada uma destas categorias, Aroso de Almeida: 2011, 12 e ss.

Todavia, o facto de o *CCP* determinar a possibilidade de ser atendida à *vontade das partes na determinação da qualificação jurídica dos contratos administrativos* (*al. a*) do n.º 1 do art. 280.º), poderá ampliar a *utilização da figura do contrato administrativo.*

Sobre esta matéria, verificamos que o ordenamento jurídico português não adopta uma posição unânime. Segundo o entendimento proposto por Mário Aroso de Almeida, não determinando o *CCP* um critério exacto de classificação da *natureza jurídica* dos *contratos administrativos*, existe a possibilidade de o *contraente público* optar por qualificar um *contrato* como *contrato administrativo* ou como um *contrato de direito privado*. Segundo o autor, é do "contraente público o ónus da qualificação como administrativos dos contratos que, nem sendo administrativos por natureza, nem por determinação da lei, ainda assim considere justificado qualificar desse modo" (2011, 18).

Posição diversa têm Marcelo Rebelo de Sousa e André Salgado de Matos, assim como Mark Kirkby. Segundo os primeiros autores, a qualificação jurídica de um *contrato administrativo* decorrente da *vontade das partes* deverá considerar-se inoperante na transformação de um *contrato de direito privado* num *contrato administrativo* ou vice-versa, podendo, contudo, existir uma consideração deste facto caso a Administração goze de *discricionariedade* na escolha da prossecução de determinados *fins de interesse público* por *contrato administrativo* ou por *contrato de direito privado*. Nos restantes casos, a *vontade das partes* poderá funcionar meramente como um *índice de administrativiadade do contrato*[569].

Já para Mark Kirkby, partindo da funcionalização do *contrato administrativo* na salvaguarda do *interesse público*, atender-se à *vontade das partes* para a determinação da *natureza jurídica* de um *contrato* poderá condicionar o modo de realização das atribuições da Administração[570].

Mas a importância que o *CI* reveste, quando qualificado juridicamente como um *contrato administrativo*, faz denotar outros aspectos relevantes. De um modo particular, reveste especial importância determinar a aplicabilidade, ou não, da *Parte III do CCP* visto que é ao seu abrigo que se estabelece o *regime substantivo* dos *contratos administrativos* (cf. n.º 5 do art. 1.º do CCP).

[569] Cf. Marcelo Rebelo de Sousa / André Salgado Matos: 2009, 36.

[570] Cf. Kirkby: 2010, 777, nota 31.

Quanto à *Parte II do CCP – regime procedimental de formação de contratos públicos*[571], regime influenciado por exigências da *UE* e salvaguarda de princípios como a *transparência, igualdade* e *concorrência* (cf. n.º 1 do art. 1.º-A do CCP) – cremos que seja pacífica a sua não aplicação à formação do *CI*, por força da *al. c*) do n.º 4 do art. 5.º do *CCP*, que estabelece a contratação excluída da *Parte II do CCP*. Com efeito, as prestações do *CI* não são susceptíveis de estarem submetidas à *concorrência de mercado*. Na verdade, e segundo CABRAL DE MONCADA, esta conclusão possibilita aos poderes públicos a concretização de uma política económica de *fomento* tida como "conveniente"[572].

Relativamente à aplicação da *Parte III do CCP* para a execução do *CI* pode não configurar uma questão isenta de dúvidas[573], embora o DL n.º 191/2014, de 31 de Dezembro refira, no preâmbulo, a sua aplicação ou pelo menos parte das suas disposições. Todavia, importa salientar que parte significativa da construção do *CCP* gravita em torno da categoria dos *contratos administrativos de colaboração*[574], contratos que, não raras vezes, se caracterizam por uma lógica de *concorrência de mercado*, facto que contraria a *ratio* dos *contratos administrativos de atribuição* – contratos que em regra não necessitam de *procedimentos pré-contratuais* tendentes à *escolha do co-contratante*[575] – e, como tal, das posições que sustentem a qualificação do *CI* como *contrato administrativo de atribuição*.

Assim, e como salienta PEDRO GONÇALVES, "a figura que, em primeira linha, o legislador se propõe regular [no CCP] é a do clássico *contrato administrativo de modelo francês*: um contrato, pois, que origina e regula uma «relação de colaboração», em cujo contexto um particular se obriga a desenvolver uma tarefa privada em benefício do contraente público ou,

[571] Sobre a noção de *contrato público*, FREITAS DO AMARAL: 2012, 544 e VIEIRA DE ANDRADE: 2010, 8.

[572] Cf. CABRAL DE MONCADA: 2012b, 210.

[573] Neste sentido, CABRAL DE MONCADA, atendendo aos *contratos económicos*, defende que estes pouco ou nada têm a ver com os contratos constantes do *CCP*. CABRAL DE MONCADA: 2012b, 210.

[574] Para uma análise aos *contratos administrativos de colaboração*, MARCELO REBELO DE SOUSA / ANDRÉ SALGADO MATOS: 2009, 60; PEDRO GONÇALVES: 2004, 65; ESTEVES DE OLIVEIRA / PEDRO GONÇALVES / PACHECO DE AMORIM: 1997, 813; SÉRVULO CORREIA: 1987, 420 e 421 e ESTEVES DE OLIVEIRA: 1984, 692.

[575] No mesmo sentido, FREITAS DO AMARAL: 2012, 564.

em substituição deste, uma tarefa pública, adquirindo, em contrapartida, o direito ao pagamento de um preço ou o direito a ser renumerado pelos resultados financeiros da actividade que lhe é confiada" (2008, 577).

Por outro lado, a qualificação do *CI* como *contrato administrativo* coloca a questão da *existência* e do *modo de execução* dos *poderes de conformação da relação contratual* previstos nas *al's.* do art. 302.º do *CCP*. Os poderes aí previstos, ou seja, o *poder de direcção*, o *poder de fiscalização*, o *poder de modificação unilateral*, o *poder sancionatório* e o *poder de resolução unilateral*, são considerados como "poderes-deveres, dos quais a Administração não pode abrir mão, uma vez que estão funcionalizados à prossecução do interesse público. Constituem poderes co-naturais ao contrato administrativo: existem *apesar* da ausência de previsão contratual e impõem-se *contra* a (eventual) exclusão prevista no contrato" (Carla Amado Gomes: 2008, 526).

Todavia, importa referir que o *CCP* estabelece determinadas *"regras especiais"* para os *contratos administrativos* de *colaboração subordinada*, previstos no Título II, da Parte III do *CCP*. Estas *"regras especiais"* disciplinam os *contratos sobre o exercício de poderes públicos*, os *contratos interadministrativos* e à *execução e modificação de parcerias públicas-privadas*, que assim são disciplinados através das *regras especiais* do Capítulo IX, do Título I, da Parte III do *CCP*[576].

É neste sentido que adquirem especial relevância os *contratos sobre o exercício de poderes públicos*[577], contratos configurados como *contratos administrativos por natureza* e que traduzem a generalização do *consenso* das relações jurídicas administrativas por via de uma *"regulation by contract"*[578]. Superado, de certo modo, os dogmas do *exercício partilhado dos poderes públicos*[579], os *contratos sobre o exercício de poderes públicos* têm como objectivo o "exercício contratualizado de poderes administrativos de autoridade, consensualizando-se com o particular a produção de efeitos jurídicos que a Administração poderia, em alternativa, configurar por via unilateral, através da prática de um acto administrativo" (Kirkby: 2010, 796)[580].

[576] Neste sentido, Aroso de Almeida: 2011, 29 e *Idem*: 2007, 9.

[577] Para uma análise a este tipo de *contratos administrativos*, Kirkby: 2011.

[578] Neste sentido, Tavares da Silva: 2010b, 67 e Pedro Gonçalves: 2005, 686.

[579] Cf. Filipa Urbano Calvão: 2008, 347. Para uma análise às reticências da utilização do *contrato sobre o exercício de poderes públicos*, V., Kirkby: 2011, 53 e ss e Pedro Gonçalves: 2005, 687.

[580] No mesmo sentido, Tavares da Silva: 2013, 127, nota 30.

A relevância dos *contratos sobre o exercício de poderes públicos* poderá não ser despicienda no domínio do *CI*. Esta relevância deriva da possibilidade de tais contratos surgirem sob as vestes de *contratos regulatórios*[581], ou seja, contratos cuja função essencial é "diminuir a "incerteza futura" e o impacto que a *discricionariedade regulatória* pode ter para os regulados" (Pedro Gonçalves: 2013, 137).

Todavia, a utilização deste tipo de contratos ficará limitada aos casos em que a lei não fixe, vinculativamente, uma outra forma de actuação[582], pelo que a sua principal utilização será no exercício dos *poderes discricionários da Administração*[583].

### 3.2.3. A incongruência teleológica do DL n.º 191/2014, de 31 de Dezembro

Não obstante o regime legal instituído pelo Decreto-Lei n.º 191/2014, de 31 de Dezembro, estabeleça uma *equiparação jurídica* no domínio da *origem do investimento*, o que verificamos é que quando o *investimento* (em sentido estrito) surge contextualizado no domínio do *investimento estrangeiro*, a ordem jurídica internacional incute uma *teleologia* própria que, por sua vez, se manifesta através de uma natureza *juridicamente vinculante*. No entanto, o legislador nacional, no ímpeto da salvaguarda do *princípio da não discriminação do investimento em razão da nacionalidade*, opta por configurar um regime jurídico que, embora estabeleça uma *igualdade formal* quanto à *origem do investimento*, "abre a porta", através da arbitragem, a uma *igualdade material* (tratamento diferente com base na diferença). É neste sentido que entendemos que é possível afirmar que o regime jurídico do *CI* configura um regime jurídico unitário, embora regule duas realidades materialmente distintas: o investimento nacional e o investimento estrangeiro.

É com base neste pressuposto que é possível constatar algumas incongruências no actual regime jurídico que disciplina o CI. Com efeito, do preâmbulo do Decreto-Lei n.º 191/2014, de 31 de Dezembro, é afirmado, no § 2, que o acesso ao regime contratual de investimento é objecto de "*negociação e contratualização pela AICEP, E.P.E., em representação do Estado*".

[581] Cf. Pedro Gonçalves: 2013, 134 e ss; *Idem*: 2010, 1018 e ss e Freeman: 2000, 189 e ss.

[582] No mesmo sentido, Filipa Urbano Calvão: 2008, 350.

[583] Cf. Kirkby: 2011, 136.

Todavia, no § 3, a AICEP assume a *"qualidade de interlocutor único mandatada para o efeito pelo Governo"*, sendo posteriormente afirmado que o *CI* é um contrato *"celebrado com o Estado"*.

Embora seja referido que o *CI* é um *contrato celebrado com o Estado*, a verdade é que o Legislador acaba por reconduzir esta relação contratual ao *regime dos contratos administrativos*, uma vez que é referido que, *"quanto ao CCP, o RCI acolhe os princípios da modificação e da resolução do contrato por iniciativa do contraente público fundada em razões de interesse público, consagrados nos artigos 312.º e 334.º do CCP, respectivamente, bem como o disposto no artigo 332.º do CCP no que respeita à resolução contratual por iniciativa do promotor, enquanto co-contratante no contrato de investimento celebrado com o Estado, nomeadamente no que se refere ao exercício do direito à resolução do contrato"*.

Atendendo ao *tipo de vinculação* que está em causa, ou seja, uma *vinculação da Administração Pública* ou uma *vinculação do Estado*, podemos concluir na existência de uma "lógica bipartida" em função da natureza do investimento (nacional ou estrangeiro). Deste modo, se perfilharmos a *tese* que concebe o *CI* como uma espécie de *Contrato sobre o Exercício de Poderes Públicos*, verificamos que o *tipo de vinculação* que se estabelece deriva de uma *vinculação da Administração* no âmbito dos seus *poderes discricionários*, ou seja, dentro da *concessão legislativa* que é deixada à Administração. Deste modo, e dado o *carácter secundário* e *condicionado do poder executivo face ao poder político-legislativo*[584], e atendendo ao que é estipulado na *Parte III do CCP*, uma *alteração ou impossibilidade superveniente* de concretização dos pressupostos que ditaram o *exercício da discricionariedade administrativa* no sentido convencionado, determinam a *caducidade do contrato*, conforme o n.º 2 do art. 337.º do CCP e consequente *reposição do equilíbrio financeiro*.

No entanto, se *aplicarmos e interpretarmos* o *CI* no domínio do *investimento estrangeiro*, verificamos que o *tipo de vinculação* que é estabelecida não deriva de uma *vinculação da Administração*, mas de uma verdadeira *vinculação estadual*[585]. Este facto deriva da necessidade de garantir a posição jurídica do *investidor estrangeiro* face a *contratos de longa duração* e de *capital intensivo*, "atenuando" *riscos político-legislativos*, ou seja, de conformações legisla-

[584] Analisando a distinção entre a *função legislativa* e a *função administrativa*, STA, Proc. n.º 714/10, de 12/01/2012. Disponível em http://www.dgsi.pt/jsta.nsf/35fbbbf22e1bb1e6802 56f8e003ea931/71e4c610f654bd6c802579900040c427.

[585] No mesmo sentido, SUZANA TAVARES DA SILVA, "Razão de Estado...", cit., nota 30, p. 127.

tivas inerentes à função *político-legislativa* e do correspondente carácter de *inovação, criação* e *essencialidade* legislativa.

Esta realidade traduz-se numa *vinculação estadual* através de *cláusulas contratuais*[586], ao nível da *conformação normativa do exercício de poderes públicos*, designadamente, em matérias *fiscais, laborais e ambientais*, mas agora inseridas num quadro de *vinculação constitucional e internacional*[587] (embora se atribua um especial desígnio aos *princípios de direito internacional*)[588], que transportam o *CI* para um quadro interpretativo que apela não a uma lógica de *prossecução do interesse público* – que no fundo é a lógica que está subjacente à *Parte III do CCP* –, mas a *standards de direito (económico) internacional*, que regem o *Direito Global ou Transnacional*, convocados através das arbitragem[589].

### 3.2.4. Implicações de uma perspectiva publicista no *Contrato de Investimento*

A posição tradicional portuguesa que vê o *CI* como um *contrato administrativo* é aquela que, do ponto de vista dos interesses das partes envolvidas, pode, à partida, ser a que melhor se ajusta à prossecução dos interesses dos *Host States*. Motivada pela possibilidade dos *Host States* executarem o *CI* à luz das regras dos *contratos administrativos*, designadamente na prossecução do *interesse público* e com ele a possibilidade de *adaptação do contrato*

[586] Não obstante o assunto seja inerente a uma grande controvérsia em termos dogmáticos, a realidade tem demonstrado a *vinculação estadual* através de *cláusulas contratuais*. Em particular destacam-se as *cláusulas de estabilização* susceptíveis de se traduzirem em *freezing clauses / economic equilibrium clauses / hybrid clauses*. Sobre o problema, A. SHEMBERG, *Stabilization Clauses and Human Rights. A research project conducted for IFC and United Nations Special Representative of the Secretary-General on Business and Human Rights*, 2008, pp. 1 – 42. Disponível em http://www.ifc.org.

[587] Salientando esta realidade, VIEIRA DE ANDRADE / FIGUEIREDO MARCOS, *Direito do Petróleo*, cit., p. 148; SUZANA TAVARES DA SILVA, "Razão de Estado...", cit., nota 30, p. 127; SÉRVULO CORREIA, "A Resolução de Litígios...", cit., p. 823; DÁRIO MOURA VICENTE, "Arbitragem de Investimento...", cit., p. 752.

[588] Sobre este aspecto, GOMES CANOTILHO e VITAL MOREIRA salientam a falta de uma resposta inequívoca do problema, embora a *abertura* e *amizade* da C.R.P. para com o direito internacional possa apontar para uma superioridade paramétrica do direito internacional. Cf. GOMES CANOTILHO / VITAL MOREIRA, *Constituição da República Portuguesa Anotada*, Vol. I, 4.º Edição Revista, Coimbra Editora, Coimbra, 2007, cit., pp. 260 e 261.

[589] Este entendimento é reflexo da jurisprudência firmada no seio das arbitragens ICSID. Neste plano é manifesta a relevância atribuída aos *princípios de direito internacional na resolução de litígios de investimento estrangeiro*. Cf. ICSID Case No. ARB/98/4 (Annulment Proceeding).

face à existência de *novas circunstâncias*, esta reflecte, de uma certa perspectiva, a existência de reticências quanto à conveniência de determinados investimentos.

É deste modo que a configuração do *CI* como *contrato administrativo*, por parte dos *Host States*, determina a possibilidade de a *relação contratual* ser estabelecida segundo uma *lógica* (funcional) *de interesse público*. Esta realidade, entendendo-se aplicável a *III Parte do CCP*, manifesta-se na prossecução do *interesse público* ao nível da *execução do contrato*, conforme resulta do art. 286.º do *CCP*, bem como nos vários *poderes de conformação da relação contratual*, estabelecidos nas *al's*. do art. 302.º do *CCP*, cuja *natureza* se manifesta através de *actos administrativos* detentores da característica de *executividade* (cf. n.º 1 do art. 309.º do *CCP*) e, por vezes, dotados de *força executória*, (cf. n.º 2 do art. 309.º do *CCP*)[590].

Todavia, a adopção de uma posição que propugne a determinação da *natureza jurídica* do *CI* como um *contrato administrativo*, no actual quadro jurídico português, é entendida, por Vieira de Andrade / Figueiredo Marcos, com algumas reservas[591]. Segundo os autores, o "investimento estrangeiro é hoje livre e, nessa medida, pode coincidir com o interesse público sem originar uma relação administrativa de colaboração de base contratual. E a inversa também é verdadeira – podem ser constituídas "relações contratuais de investimento estrangeiro" em que o critério material já não é a prossecução de actividades consideradas de interesse público, mas sim a promoção pura e simples do investimento estrangeiro..." (2013, 144 e 145).

No entanto, considera-se existir uma certa "*alma de direito público*" (Vieira de Andrade / Figueiredo Marcos: 2013, 147) neste tipo de contratos. Na verdade, a doutrina apela ao facto das questões relacionadas com o *IE* serem compostas por uma forte componente de *direito público*[592], característica que resulta do objecto dos litígios submetidos à *arbitragem internacional*[593].

[590] Neste sentido, Carla Amado Gomes: 2008, 562 e ss e Pedro Gonçalves: 2007b, 43.

[591] Cf. Vieira de Andrade / Figueiredo Marcos: 2013, 144 e 145. No mesmo sentido Tavares da Silva: 2013, 127, nota 30.

[592] Neste sentido, Schill: 2011a, 16; *Idem*: 2011c, 1085; Harten: 2009, 22; Choudhury: 2008, 777 e ss; Maniruzzaman: 1990, 53 e ss e Phillipe Kahn: 1968, 22.

[593] Cf. Sornarajah: 2010, 293 e 294 e Harten: 2009, 22.

Os exemplos ilustrativos desta *publicização*, mormente provenientes das arbitragens *ICSID* resultantes da *crise Argentina*[594], assim como das disputas do *NAFTA*, enaltecem a impugnação, por parte dos investidores estrangeiros, de *acções regulatórias* prosseguidas pelos *Host States*. Neste sentido, verifica-se que os litígios existentes decorrem de medidas que resultam da prossecução do *interesse público*, especialmente em domínios como a *protecção da saúde pública*, *meio ambiente* ou *relações laborais*[595], sendo invocado por parte dos investidores estrangeiros a violação de um *tratamento justo e equitativo*[596], designadamente por via de *expropriações indirectas* ("*taking*") que derivam da *regulação estadual*[597].

O entendimento exposto é um reflexo da crise Argentina, onde muitas das medidas implementadas pelo *poder executivo* impuseram impactos sobre investimentos neste país, designadamente, quanto à transferência de capitais. Exemplo ilustrativo deste entendimento resulta do litígio entre *Continental Casualty Company v.s. República da Argentina*. Ao abrigo de um *BIT* entre a Argentina e os EUA, a *Continental Casualty Company* vem a alegar a violação de disposições do *BIT* em causa.

A relevância deste caso prende-se com a fundamentação da decisão. De facto, a decisão foi no sentido de considerar que a Argentina não incorreu em incumprimento por violação do *tratado*, não pelo facto de actuar na *prossecução do interesse público*, mas pelo facto de existir uma cláusula no *BIT*, considerada como uma "*compensation for losses clauses*"[598], que estipulava a possibilidade de aplicação de certo tipo de medidas em casos de *manutenção da ordem pública*; *cumprimento de obrigações inerentes à manutenção e restauração da paz e segurança internacional* ou a *protecção de interesses próprios essenciais de segurança*[599].

Não obstante se reconheça a possibilidade da implementação de *medidas regulatórias* susceptíveis de atingir *IE's*, por parte dos *Host States*, a grande

[594] Analisando esta realidade, CHOUDHURY: 2008, 800 e ss.

[595] Cf. ANTHEA ROBERTS: 2013, 38; SCHILL: 2011b, 896; *Idem*: 2011a, 14 e HARTEN / LOUGHLIN: 2006, 124.

[596] Cf. CHOUDHURY: 2008, 797.

[597] Cf. OCDE: 2004a, 2 e ss. Para uma análise desta problemática no ordenamento jurídico português, CARLA AMADO GOMES: 2012, 9 e ss; ALVES CORREIA: 2011, 143 e ss; VIEIRA DE ANDRADE: 2011b, 345 e ss e GOMES CANOTILHO: 1974, 271 e ss.

[598] Neste sentido, BINDER: 2009, 611.

[599] Cf. ICSID Case No. ARB/03/9. Disponível em www.italaw.com.

questão coloca-se a jusante, designadamente, quanto à existência de um *dever*, ou não, de *compensação* de eventuais impactos sofridos pelos investidores[600]. De facto, verifica-se uma crescente preocupação, quer ao *nível multilateral*, quer ao *nível bilateral*, de pré-determinar a possibilidade de os *Host States* procederem a "expropriações" com referência a determinados parâmetros[601].

Embora exista a alusão à necessidade de se atender ao *interesse público* em causa, às consequências de interferências com direitos contratuais, bem como à análise da existência de soluções alternativas menos restritivas[602], verifica-se uma preponderância argumentativa da prática arbitral que protege, não a *teleologia* que promana das acuações dos Estados na *salvaguarda e prossecução do interesse público*, mas da compatibilidade dos efeitos que derivam destas actuações para o investidor[603].

É com base nestas características que STEPHAN SCHILL defende que o *direito do investimento estrangeiro* constitui uma disciplina de *direito público*, cuja principal distinção deriva da necessidade dos *Host States* conformarem o *exercício de prerrogativas de poder público* com a relação estabelecida com investidores estrangeiros[604].

Ilustrando a existência de uma *governação global*, que co-determina a adopção de *políticas públicas* na conformação do *interesse público*, o carácter *publicista* do *direito do investimento estrangeiro* destaca o impacto que as *decisões* dos *tribunais arbitrais internacionais* incutem sobre o *exercício de poderes públicos* nos ordenamentos jurídicos internos[605]. Questiona-se, deste modo, não só a existência de um *deficit democrático*[606], mas também a livre conformação

[600] Neste sentido, OCDE: 2004, 3. Referindo a possibilidade dos Estados ficarem submetidos a um dever de indemnizar os investidores em virtude do exercício ou do não exercício de poderes Legislativos. Administrativo e Jurisdicional, SÉRVULO CORREIA: 2010, 822.

[601] Cf. art. 13.º do TCE e art. 4.º do *Acordo entre a República Portuguesa e a República Popular da China sobre a Promoção e Protecção Recíproca de Investimentos* do Decreto n.º17/2008, de 26 de Junho.

[602] Neste sentido, e apelando a um critério de proporcionalidade, SCHILL: 2008b, 64 e 65.

[603] Cf. SÉRVULO CORREIA: 2010, 824 e CHOUDHURY: 2008, 828.

[604] Cf. SCHILL: 2011a, 16.

[605] Cf. SCHILL: 2011a, 22; *Idem*: 2011b, 897 e 898; *Idem*: 2011c, 1109; TAVARES DA SILVA: 2010b, 26 e 27; CHOUDHURY: 2008, 777; HARTEN / LOUGHLIN: 2006, 127 e HARTEN: 2005, 615.

[606] Neste sentido, CHOUDHURY: 2008, 782.

que é deixada para a prossecução do *interesse público* e da busca de políticas nacionais auto-determinadas dos *Host States*[607]

### 3.3. A natureza jurídica do *Contrato de Investimento*: Perspectiva de *Direito Internacional*

Como já tivemos a oportunidade de referir, a emergência do *Direito do Investimento Estrangeiro* resulta em grande medida do plano internacional, por via de *standards de protecção do investimento*[608], cujo âmbito de aplicação é densificado e concretizado na arbitragem internacional. Sucede, porém, que o recurso ao *paradigma internacional*, enquanto *sistema* que permita uma explicação plausível das questões inerentes ao *investimento*, não é isento de dificuldades. Uma destas questões resulta, desde logo, na compreensão do relacionamento e harmonização entre o *direito internacional* e o *direito interno*[609] sobre as questões específicas do *IE*[610].

#### 3.3.1. A relação interestadual: O *Tratado*

Do exposto na primeira parte do presente trabalho é possível concluir que parte significativa da construção do *sistema do Direito do Investimento Estrangeiro* é efectuada através de *tratados* – os *BIT's* – que no ordenamento jurídico português adquirem a designação de *Acordos Sobre a Promoção e Protecção Recíproca de Investimentos*[611]. Estes *tratados/acordos*, que representam uma *fonte formal* de *direito internacional*, segundo o art. 38.º dos ETIJ, são, como salienta ANTHEA ROBERTS, "criaturas" de *direito internacional público* celebrados entre dois ou mais Estados e substantivamente regidos pelo direito internacional[612], obedecendo, inclusivamente, à *Convenção de Viena sobre o Direito dos Tratados* no que respeita à sua *interpretação*[613].

[607] Neste sentido, SCHILL: 2011b, 896.

[608] Para uma análise aos principais *standards* utilizados no âmbito do investimento, V., SORNARAJAH: 2010, 201 e ss e DOLZER / STEVENS: 1995, 58 e ss.

[609] Para uma análise do problema, GOMES CANOTILHO / VITAL MOREIRA: 2007, 259 e ss; JÓNATAS MACHADO: 2006, 136 e ss e GOMES CANOTILHO: 2003, 819 e ss.

[610] Cf. REGHIZZI: 2009, 11 e MANIRUZZAMAN: 2001, 310.

[611] Para uma distinção entre *tratado* e *acordo*, JÓNATAS MACHADO: 2006, 311 e 312.

[612] Cf. ANTHEA ROBERTS: 2013, 2.

[613] Cf. ANTHEA ROBERTS: 2013, 7 e GAILLARD / BANIFATEMI: 2003, 382. Referindo-se ao *direito internacional* como ordenamento que rege a interpretação e aplicação de um *tratado* no seio do investimento, BANIFATEMI: 2010, 210.

Esta realidade demonstra que os investidores estrangeiros concretização os seus investimentos, em regra, sob a protecção prévia, não exclusiva ou *sine qua non*, de um *tratado/acordo* entre Estados, mormente através de *BIT's*. Desta prévia relação, que evidencia um carácter *interestadual* e influenciado por um *paradigma "vestefáliano"*, determina duas conclusões.

A primeira conclusão é que a estrutura dos *BIT's* demonstra uma multiplicidade de vias para a *resolução de litígios* (*fork in the road*). Esta particularidade implica, por vezes, a articulação entre a *jurisdição* da *arbitragem internacional* e a *jurisdição* dos *tribunais nacionais*[614]. Na verdade, o *direito de acesso aos tribunais*, entendido como *garantia institucional* que decorre do *monopólio da coacção física legítima do Estado*, demonstra que no domínio do *investimento estrangeiro* o recurso à *arbitragem internacional* corresponde ao "*modus operandi*" na resolução de litígios[615].

Esta solução, no entanto, privilegia as questões que derivam da *resolução de litígios entre um Host State e um investidor*, já que a *resolução de litígios entre os Estados contratantes de um tratado* determina, como primeiro passo para a resolução de um litígio entre ambos, o recurso à *via diplomática*[616].

Mas no que diz respeito à primeira situação, ou seja, a determinação prévia entre dois Estados relativamente à *futura resolução de litígios entre um Host State e um investidor estrangeiro*, é possível concluir que, no âmbito das arbitragens ICISD, os *Host States* prescindem do recurso à sua própria jurisdição interna "como meio exclusivo de resolução de litígios (...) negando a invocação futura de qualquer *imunidade de jurisdição*" (TIAGO DUARTE: 2008, 781)[617]. Esta conclusão faz com que alguns autores defendam a passagem da *arbitragem do investimento estrangeiro* para o plano do *direito internacional público*[618].

Todavia, a determinação da natureza jurídica da arbitragem nos domínios do investimento estrangeiro não é unânime. Segundo alguns autores,

614 Neste sentido, SORNARAJAH: 2010, 320 e SCHREUER: 2004, 239.

615 Cf. DÁRIO MOURA VICENTE: 2011, 752; SORNARAJAH: 2010, 286; SCHILL: 2008b, 15 e SCHREUER: 2004, 241. No mesmo sentido estabelece o n.º 1 do art. 8.º do *Acordo entre a República Portuguesa e a República Popular da China Sobre a Promoção e Protecção de Investimentos* aprovado pelo Decreto n.º 17/2008, de 26 de Junho.

616 Cf. al. *a*), *b*) e *c*) do n.º 2 do art. 9.º do *Acordo entre a República Portuguesa e a República Popular da China Sobre a Promoção e Protecção de Investimentos* aprovado pelo Decreto n.º 17/2008, de 26 de Junho.

617 No mesmo sentido, DÁRIO MOURA VICENTE: 2011, 757.

618 Cf. TIAGO DUARTE: 2008, 768 e BJORKLUND: 2007, 105.

esta particularidade determina a existência de uma arbitragem com uma *natureza híbrida*[619], ao passo que, para outros, a mesma tende a evidenciar um carácter *sui generis*, na medida em que ilustra a inexistência de um subgénero de uma disciplina pré-existente[620].

Mas se *processualmente* existe uma manifestação clara da relevância que é atribuída ao *plano internacional* para a *resolução de litígios*, a segunda conclusão a que chegamos é a de que, *em termos substantivos*, a relevância do *direito internacional* também não é despicienda. Na verdade, e como deixámos antever, a *relação interestadual* à luz dos *tratados/acordos* demonstra a fixação de *standards de protecção do investimento* que podem ser accionados por *investidores estrangeiros*. Caracterizados por uma *linguagem vaga e aberta*[621], os *standards de protecção do investimento*[622] consistem num *conjunto mínimo de padrões de conduta* que um *Host State* deve observar[623] e que funcionam como *parâmetro de aferição das suas condutas*. É neste sentido que podemos observar a consagração de *standards de protecção do investimento* nos *BIT's*[624], mas também no *NAFTA*[625] e no *TCE*[626].

### 3.3.2. A relação Investidor – Estado: O *Contrato*

A concretização de muitos dos *investimentos* efectua-se através da celebração de *contratos*, mormente através do *CI*[627]. Esta realidade contratual destaca diversas especificidades, designadamente quanto aos seus intervenientes.

[619] Neste sentido, BJORKLUND: 2007, 163.

[620] Neste sentido, ANTHEA ROBERTS: 2013, 55 e 56.

[621] No mesmo sentido, ALSCHNER: 2013, 2.

[622] A este respeito importa destacar os seguintes standards de protecção do investimento: fair and equitable treatment; full protection and security; non-discrimination; national treatment e o standards most-favored-nation.

[623] Cf. VIEIRA DE ANDRADE / FIGUEIREDO MARCOS: 2013, 206 e ss; SORNARAJAH: 2010, 334 e ss e DOLZER / STEVENS: 1995, 58 e ss.

[624] Cf. SORNARAJAH: 2010, 334 e DOLZER / STEVENS: 1995, 58.

[625] V., art. 1102.º, *National Treatment*; art. 1103.º, *Most-Favored-Nation Treatment*; n.º 1 do art. 1105.º, *Fair and Equitable Treatment* and *Full Protection and Security* e n.º 2 do art. 1105.º, *Non-discriminatory Treatment*.

[626] Todos estes *standards* estão também presentes no art. 10.º, Promoção, protecção e tratamento de investimentos, do *TCE*. Neste sentido, MIRANDA / REBELO: 2012, 678.

[627] No mesmo sentido, ZIVKOVIC, 2012a, 1. Referindo a preferência dos investidores nas indústrias extractivas de instrumentos contratuais mais detalhados do que os *BIT's*, HALABI: 2011, 303.

Assim, existe a particularidade de uma das partes, o *investidor*, não raras vezes *estrangeiro*, estabelecer uma relação jurídica com um *Estado*. Esta característica demonstra a necessidade de uma especial articulação do *CI* com a especial tutela que a ordem jurídica internacional confere aos *investidores estrangeiros*.

Ilustrando as particularidades que surgem do relacionamento entre um *Host State* e um *investidor estrangeiro*, a doutrina tem proposto a designação desta realidade contratual como *Contratos de Estado*[628], existindo uma aproximação destes *contratos* ao paradigma do *direito internacional*[629] (não obstante, no ordenamento jurídico francês, possam ser configurados como *contratos administrativos*)[630].

Segundo LIMA PINHEIRO, a *tendência de internacionalização* dos *Contratos de Estado* deve-se "principalmente à dificuldade em obter soluções satisfatórias para ambas as partes mediante a atribuição de competência a um direito estadual" (2005a, 138), dificuldades que derivam, em regra, da álea legislativa[631]. Com efeito, o referido autor entende que o *CI* acaba por ser regulado directa e imediatamente pelo *direito internacional público*[632].

Por outro lado, os *Contratos de Estado* também atribuem especial destaque aos *princípios gerais de direito* para a determinação de direitos e deveres

[628] Para uma acepção ampla da noção de *Contrato de Estado*, V., LIMA PINHEIRO: 2003, 716 e 717 e UNCTAD: 2004b, 3.

[629] A *internacionalização* dos *Contratos de Estado* também passa pela sua relação com os acordos internacionais de investimento. Esta realidade deriva, segundo a UNCTAD, da eventual falta de imparcialidade dos tribunais nacionais assim como da necessidade de neutralização das faculdades legislativas dos *Host States* e da sua derrogação e ingerência em tais contratos. Cf. UNCTAD: 2004b, 5. Dando conta da *internacionalização* dos *Contratos de Estado*, JORGE MIRANDA: 2012, 58; PEREIRA / FAUSTO DE QUADROS: 2009, 176 e ss; DÁRIO MOURA VICENTE: 2006, 303 e ss; LIMA PINHEIRO: 2008, 88 e ss; *Idem*: 2003, 720; *Idem*: 1999, 56; UNCTAD: 2004b, 5; WEIL: 2000, 351 e ss e MANIRUZZAMAN: 1992, 145 e ss.

[630] Cf. PEREIRA / FAUSTO DE QUADROS: 2009, 177 e MANIRUZZAMAN: 1992, 146.

[631] Para Dário Moura Vicente, os *Contratos de Estado* não são *contratos administrativos* comuns dada a sua componente internacional, bem como pela estreita ligação que manifestam ao desenvolvimento económico. Por outro lado, também considera que não se tratam de meros *contratos de direito privado* por considerar que nestes contratos o Estado não prescinde da sua soberania, determinando a inexistência de uma paridade entre as partes na relação contratual. Cf. DÁRIO MOURA VICENTE: 2006, 294.

[632] Cf. LIMA PINHEIRO: 2008, 99; *Idem*: 2005a, 153 e *Idem*: 2003, 799 e 800. Salientando esta possibilidade, DÁRIO MOURA VICENTE: 2006, 294.

entre as partes, principalmente no âmbito da *resolução de litígios*[633]. Importa ainda referir que a conotação entre *Contratos de Estado* e *direito internacional público*[634] é especialmente reforçada quando existe a aposição de *cláusulas de intangibilidade* e/ou de *estabilização* no *CI*[635], razão pela qual, segundo LIMA PINHEIRO, os *Contratos de Estado* configuram-se como "*contratos quasi-internacionalpúblicos*" (2005a, 170), ou então, se atendermos a ANDRÉ PEREIRA e FAUSTO DE QUADROS, de "quase-tratados" (2009, 181).

Esta última designação, que considera os *Contratos de Estado* como "quase-tratados", é influenciada pela doutrina austríaca, designadamente por VERDROSS[636], que realça o facto de os *Contratos de Estado* não serem verdadeiramente subsumíveis à figura dos *tratados*, uma vez que não são celebrados entre os *sujeitos tradicionais* de *direito internacional*. Por outro lado, esta específica realidade contratual não é celebrada com base estrita no direito do Estado contratante ou da outra parte da relação contratual, mas sim através do recurso aos *princípios gerais de direito*, com especial destaque para o princípio *pacta sunt servanda*[637].

### 3.3.3. Implicações de uma perspectiva internacional no Contrato de Investimento

Embora a relação do *CI*, por via da doutrina dos *Contratos de Estado*, acabe por atribuir um especial destaque ao *ordenamento jurídico internacional*, necessário será também considerar as mais recentes manifestações no âmbito do *investimento*. Segundo diversos autores, designadamente ANTHEA ROBERTS, WOLFGANG ALSCHNER ou FRANCISCO VICUÑA, é destacada a existência de uma "*interacção típica*", cada vez mais acentuada, no *relacionamento entre disposições contratuais e instrumentos jurídicos internacionais*[638]. A "*interacção típica*" referida por aqueles autores acaba por atribuir especial destaque aos *BIT's* e às "*umbrella clauses*".

Relativamente às "*umbrela clauses*", figura de geometria variável e de difícil compreensão, é possível afirmar que as referidas cláusulas visam alcançar

[633] Neste sentido, MANIRUZZAMAN: 1992, 147.

[634] Defendendo esta possibilidade no âmbito da arbitragem *ICSID*, LIMA PINHEIRO: 2008, 99.

[635] Neste sentido, LIMA PINHEIRO: 2003, 805. Criticando a solução, DÁRIO MOURA VICENTE: 2006, 303.

[636] Para uma análise geral das posições doutrinais deste autor, V., SIMMA: 1995.

[637] Expondo esta posição, LIMA PINHEIRO: 2003, 745.

[638] Cf. ANTHEA ROBERTS: 2013, 55; ALSCHNER: 2013, 6 e VICUÑA: 2004, 354.

uma equiparação (tendencial) entre *contractual violation claims* e *treaty violation claims*. Ao admitir-se tal equiparação, como de facto parece ser o rumo da *arbitragem internacional*, surge uma complexa gama de questões cujas respostas não são unânimes. Na verdade, existindo uma equiparação entre uma *violação contratual* e uma violação *de um tratado* coloca-se a questão de saber (i) como *interpretar* a *violação contratual* e (ii) qual o *tribunal competente* para a *resolução do litígio* [639].

Relativamente à segunda questão, o entendimento proposto pela doutrina caminha no sentido de ser admitido o exercício da *jurisdição* por parte de *tribunais arbitrais* no caso de *violação de disposições contratuais*, mesmo que o próprio *contrato* contenha uma *cláusula de exclusividade de seleção do foro*[640]. Na verdade, esta realidade parece ser acolhida no caso *SGS vs. Paraguai*, entendendo-se que o "facto de um Estado e um investidor terem acordado contratualmente um modo de resolução de litígios contratuais, não impede esse mesmo investidor de aceitar a oferta de arbitragem prevista num *BIT*, desde que as partes contratuais não tenham expressamente afastado, no contrato, a possibilidade de recurso à arbitragem prevista no *BIT*" (Tiago Duarte: 2012b, 145).

Outra questão, não menos relevante, que deriva da relação entre disposições contratuais e instrumentos jurídicos internacionais prende-se com a determinação da *lei aplicável ao contrato*. Embora a doutrina admita que um *BIT* possa determinar a *lei aplicável* aos *litígios que tenham por base o próprio BIT*[641], a doutrina também acaba por referir a admissibilidade de o próprio *CI* determinar a *lei aplicável ao contrato* (*autonomia da vontade das partes*). Na verdade, e como salienta Sornarajah, as *cláusulas da escolha da lei* representam uma das *cláusulas essenciais* a serem apostas às relações contratuais[642].

A determinação da *lei aplicável* às relações jurídicas no domínio do *investimento* assume uma relevância que faz denotar a *tensão dialética* entre os *Host States* e os *investidores*. Com efeito, se por um lado existe a ânsia na aplicação do *direito interno* por parte de um *Host State*, opostamente se situará a intenção dos investidores estrangeiros, cujos intuitos passarão

[639] Salientando a questão, Vicuña: 2004, 349.

[640] Cf. Reghizzi: 2009, 9 e Wong: 2006, 175.

[641] Expondo esta possibilidade, Lima Pinheiro: 2008, 98. Manifestando uma fraca adesão a este entendimento, Banifatemi: 2010, 197 e Gaillard / Banifatemi: 2003, 379.

[642] Cf. Sornarajah: 2010, 284.

pela aplicação do *direito internacional*[643]. É em virtude desse facto que é comum, nas diversas regras que estabelecem o *procedimento de resolução de litígios* nas *arbitragens internacionais*, a fixação de critérios para a determinação da *escolha da lei*.

Neste domínio, é comum salientar-se a *autonomia e a liberdade das partes na determinação das regras substantivas*, realidade que é vislumbrada, designadamente, no n.º 1 do art. 33.º das *Regras da Arbitragem da UNCITRAL*, no n.º 1 do art. 22.º das *Regras de Arbitragem da SCC* e na primeira parte do n.º 1 do art. 42.º da *Convenção de Washington*, facto que leva SCHREUER a afirmar a tendência das *cláusulas de escolha da lei* referenciarem não só a aplicação do *direito interno* de um *Host State*, mas também a aplicação do *direito internacional*[644]. De facto, o recurso aos "*princípios de direito internacional*", ou às "*regras aplicáveis de direito internacional*" não é uma realidade irrelevante. A confirmá-lo estão as disposições do *NAFTA*[645], do *TCE*[646], assim como da *Convenção de Washington*[647].

Todavia, a tensão que temos descrito para a construção do *sistema internacional do investimento* manifesta-se, de um modo especial, na *ausência de um acordo* entre as partes na determinação *da lei aplicável*, salientando-se, nestes casos, a atribuição de uma *discricionariedade* aos árbitros para a *determinação da mesma*[648]. É deste modo que a relação entre o *direito interno* e o *direito internacional* se manifesta como uma verdadeira "*fork in the road*", principalmente quando analisada à luz da segunda parte do n.º 1 do art. 42.º da *Convenção de Washington*[649]. Com efeito, embora se reconheça que o referido artigo tenha o mérito de permitir uma ampla liberdade às partes na escolha das "regras de direito"[650], o que é facto é que a determinação das respectivas funções a atribuir entre o *direito interno* e o *direito internacional* não tem obtido soluções unívocas.

[643] Dando conta deste facto, VICUÑA: 2004, 349.

[644] Cf. SCHREUER: 2002, 149. No mesmo sentido, BANIFATEMI: 2010, 196 e REGHIZZI: 2009, 28.

[645] Cf. n.º 1 do art. 1131.º.

[646] Cf. n.º 6 do art. 26.º.

[647] Cf. segunda parte do n.º 1 do art. 42.º.

[648] Neste sentido, BANIFATEMI: 2010, 192.

[649] Configurando o artigo em questão como um critério de coordenação entre o *direito interno* e o *direito internacional* no âmbito do investimento, REGHIZZI: 2009, 10.

[650] Aludindo a este facto, BANIFATEMI: 2010, 196; GAILLARD / BANIFATEMI: 2003, 376; HIRSCH: 1992, 119 e PHILLIPE KAHN: 1968, 6.

A contribuir para esta realidade estão também as decisões dos tribunais arbitrais internacionais constituídos ao abrigo da *Convenção de Washington* que, por vezes, relativizam a análise da relação entre o *direito interno* e o *direito internacional*[651].

Todavia, é na segunda parte do n.º 1 do art. 42.º da *Convenção de Washington* que é possível observar as diferentes pretensões que se movem no seio do investimento. Determinando a aplicação da "*lei do Estado Contratante*" (muitas das vezes vista como uma garantia simbólica cuja pretensão visa atribuir o máximo efeito possível em favor dos *Host States*)[652], assim como a aplicação dos "*princípios de direito internacional aplicáveis*" (muitas das vezes vistos como uma inevitabilidade no âmbito do investimento)[653] , o artigo em questão move-se na expectativa de conciliar pretensões inconciliáveis que estão na base das divergências da construção de um *sistema de investimento internacional.*

No que respeita à aplicação dos "*princípios de direito internacional aplicáveis*" é salientado por PHILLIPE KAHN que, desde as negociações da *Convenção de Washington*, o art. 42.º da *Convenção de Washington* tem gerado controvérsia, razão pela qual alguns países manifestavam a sua relutância sobre o recurso a estes princípios[654]. Todavia, importa referir que, para PHILLIPE KAHN, a natureza dos princípios que o art. 42.º da *Convenção de Washington* refere, e atendendo à *versão preliminar da Convenção*, devem ser aferidos com base no art. 38.º do ETIJ, embora com as devidas adaptações[655].

Concluímos que a segunda parte do n.º 1 do art. 42.º da *Convenção de Washington* admite três interpretações, todas com influências em decisões arbitrais internacionais, sendo que as duas primeiras conferem o *máximo efeito útil ao direito interno* de um *Host State.*

A primeira interpretação possível é a que vê no *direito internacional* uma "*função correctiva*", ou seja, subsidiária em relação ao *direito interno,* já que

[651] Cf. SCHREUER: 2002, 157.

[652] Neste sentido, BANIFATEMI: 2010, 196; GAILLARD / BANIFATEMI: 2003, 380 e PHILLIPE KAHN: 1968, 22.

[653] Cf. GAILLARD / BANIFATEMI: 2003, 380.

[654] Cf. PHILLIPE KAHN: 1968, 28. No mesmo sentido, GAILLARD / BANIFATEMI: 2003, 383 e HIRSCH: 1992, 137.

[655] Cf. PHILLIPE KAHN: 1968, 28. No mesmo sentido, HIRSCH: 1992, 137. Invocando a referência aos "princípios de direito internacional" como um meio susceptível de abranger quaisquer fontes de *direito internacional público,* LIMA PINHEIRO: 2008, 95 e *Idem*: 1999, 63.

a sua efectiva aplicação está dependente da existência de *lacunas ou inconsistências do direito interno*[656]. Outra interpretação é a que salienta o recurso ao *direito internacional* apenas quando as normas de *direito interno* colidem com *normas fundamentais de direito internacional* (*ius cogens*)[657]. Já a terceira interpretação sobre este assunto atribui uma autonomia específica ao *direito internacional*, caracterizando-se pela amplitude da sua aplicação, uma vez que não se limita às regras incorporadas nos tratados, mas também os princípios que resultam do art. 38.º dos ETIJ[658].

Os autores que adoptam a terceira interpretação[659], ou seja, um *espaço próprio de aplicação e afirmação do direito internacional*, são influenciados pela decisão no processo de anulação do Comitê *ad hoc* do caso que opôs a *Wena Hotels LTD vs. Arab Republic of Egypt*[660]. Deparando-se com a questão do relacionamento entre o *direito interno* e o *direito internacional*, este *tribunal arbitral*, constituído sob a égide das regras *ICSID*, vai expor, em abstracto, as três interpretações possíveis da *segunda parte do n.º 1 do art. 42.º da Convenção de Washington*.

Todavia, é o próprio tribunal a reconhecer não ser possível a existência de uma única resposta sobre este problema, sendo que cada caso poderá justificar a escolha de cada uma das três interpretações. Por outro lado, o tribunal reconhece que a própria *Convenção de Washington* não estabelece uma linha nítida para concluir uma interpretação segura. Mas o que se reconhece como ponto inovador desta decisão é o reconhecimento, pelo próprio Tribunal, da possibilidade de o *direito internacional* poder ser aplicado por si só, sem a necessidade de identificar *lacunas* ou *inadequações* do *direito interno* de um *Host State*[661].

### 3.4. A natureza jurídica do *Contrato de Investimento*: Perspectiva de *Direito Transnacional*

Do exposto até ao momento é possível observar a existência de *múltiplas intersecções* no âmbito do investimento. Esta característica demonstra a

[656] Expondo esta teoria, Reghizzi: 2009, 33; Gaillard / Banifatemi: 2003, 381 e ss e Schreuer: 2002, 158. Fazendo uma alusão neste sentido, Lima Pinheiro: 2003, 827.

[657] Cf. Gaillard / Banifatemi: 2003, 399 e ss e Maniruzzaman: 2001, 324.

[658] Defendendo esta possibilidade, Hirsch: 1992, 138.

[659] Cf. Banifatemi: 2010, 202 e ss e Gaillard / Banifatemi: 2003, 404 e ss.

[660] Cf. ICSID Case No. ARB/98/4 (Annulment Proceeding).

[661] Cf. Gaillard / Banifatemi: 2003, 407.

dificuldade de uma *teorização jurídica* segura quanto à determinação da *natureza jurídica do CI*, principalmente se a sua construção for efectuada com base em *soluções jurídicas tradicionalmente definidas*. De facto, a possibilidade de um investidor demandar um *Host State* no *plano internacional* enfrenta a dificuldade de harmonização com o *âmbito tradicional* do *Direito Internacional Público*, ou seja, um direito predominantemente regido por *relações inter-estaduais*.

Não obstante se reconheça as transformações que o *Direito Internacional Público* enfrenta, designadamente, quanto ao reconhecimento de outros *sujeitos internacionais – v.g.*, o *Indivíduo ou Empresas Transnacionais*[662], é possível verificar que existe uma dificuldade de articulação entre este ramo do direito e o *Direito do Investimento Estrangeiro*. Na verdade, e como salienta Stephan Schill, no plano do *Direito do Investimento Estrangeiro*, não raras vezes, as relações estabelecidas extravasam o âmbito das *relações inter-estaduais*[663]. Neste sentido, cumpre referir que uma das principais característica do *Direito do Investimento Estrangeiro* é a possibilidade de um investidor demandar internacionalmente um *Host State*, característica cuja amplitude só adquire semelhanças, embora *restritas*, ao nível da *proteção dos direitos humanos*[664].

Face às dificuldades referidas, é possível observar *e emergência de construções jurídicas* cujos pressupostos consistem em "*soluções ecléticas*", ou seja, *campos intermédios* para a *explicação e justificação* das características próprias, não só do *Direito do Investimento Estrangeiro*, mas também do *CI*[665]. Este *campo intermédio*, designado como *Direito Transnacional*, coloca-se para além do *direito interno estadual*, não obstante não se reconduza ao domínio típico do *direito internacional* e da regulação das *relações inter-estaduais*[666].

### 3.4.1. As características do Direito Transnacional

A teorização do *Direito Transnacional* data da década de 50 e é atribuída a Philip Jessup. O ponto de partida desta teoria realça a existência de

[662] Cf. Wladimir Brito: 2008, 424 e ss e Jónatas Machado: 2006, 181 e 182.

[663] Cf. Schill: 2011a, 12.

[664] Cf. Anthea Roberts: 2013, 31 e Harten / Loughlin: 2006, 132.

[665] Neste sentido Suzana Tavares da Silva: 2013, 117.

[666] Neste sentido, Vieira de Andrade / Figueiredo Marcos: 2013, 150, nota 35 e Sornarajah: 2010, 298.

*relações jurídicas* insusceptíveis de serem integrados quer no *plano do direito interno*, quer no *plano do direito internacional*[667]. Ilustrando a existência de *novos fenómenos de relacionamento internacional*, principalmente impulsionados no *domínio económico*[668], o *Direito Transnacional* surge, assim, como um *sistema intermédio* criado e desenvolvido através de um "*law-making*" que emergente de uma *sociedade civil global*[669]. Neste sentido, é possível referir que as suas *principais características* são (*i*) a *desterritorialização das regulações legais*; (*ii*) a *especificidade da força jurídica dos instrumentos jurídicos mobilizados*; (*iii*) as entidades envolvidas no "*law-making*" e (*iv*) a necessidade de uma *cooperação na construção de soluções eficazes*[670].

A "pedra de toque" na construção do *Direito Transnacional* é colocada no seio da *arbitragem internacional*[671]. Como ilustra LIMA PINHEIRO, o *direito transnacional* resulta da "prática dos tribunais arbitrais, que dão corpo a certos princípios que integram hoje a consciência jurídica do meio arbitral, e dos regulamentos de centros institucionalizados de arbitragem, que empregam critérios de determinação do Direito aplicável diferentes dos geralmente seguidos pelos tribunais estaduais e consagrados nos sistemas nacionais de Direito de Conflitos"[672].

### 3.4.2. Implicações de uma perspectiva transnacional no contrato de investimento

Como é possível observar, o *Direito Transnacional* surge como um grande *argumento* explicativo da construção do *sistema internacional do investimento estrangeiro*. Na verdade, a *arbitragem*, neste domínio, surge caracterizada como uma das principais forças do "*system-building*"[673].

No entendimento de STEPHAN SCHILL, a *arbitragem internacional no domínio do investimento estrangeiro*, para além de permitir uma redução de *interferências estaduais no processo arbitral*, permite alcançar uma *governança global* através da construção de *standards de protecção do investimento*.

[667] Apontando um carácter primitivo ao Direito Internacional em virtude dos seus excessivos formalismos que se projectam na praticabilidade das soluções, SCHWARCZ: 2002, 25.

[668] Cf. GAILLARD: 2001, 61.

[669] Cf. CALLIESS: 2010, 5 e 6; *Idem*: 2002, 189.

[670] Cf. TIETJE / NOWROT: 2006, 26 e ss.

[671] Cf. CALLIESS: 2010, 5.

[672] Cf. LIMA PINHEIRO: 2005b, 235.

[673] Cf. SCHILL: 2011c, 1086.

Esta característica advém da *ambiguidade* e das *lacunas* do próprio *sistema*, principalmente no domínio dos *tratados de investimento*, determinando a existência de um "*law-making*" arbitral. Neste sentido, é possível afirmar que a construção do *sistema do investimento estrangeiro* é baseada em *analogias*[674] e em *precedentes arbitrais* (aos quais se refere um *efeito persuasivo*)[675], sem *carácter vinculativo*[676], características que, por sua vez, são possíveis de ser observadas no âmbito das *arbitragens ICSID*, na medida em que os seus *precedentes jurisdicionais* emergem como "*fontes autorizadas de direito*"[677].

Todavia, os mecanismos que determinam a construção do *sistema do investimento estrangeiro* também o condicionam. Começando por uma debilidade quanto à *coerência e unidade* do próprio modo de construção deste *sistema*[678] – que surge como consequência da falta de um *regime jurídico material previamente definido*[679] e cujas características nascem de dificuldades, no *plano internacional*, em alcançar soluções *substantivamente* concretas – é possível afirmar a existência de uma "pressão" em alcançar *soluções jurídicas* assentes em *redes de cooperação*, ou seja, em "*esquemas informais*" e de *grande flexibilidade* na formação de *respostas eficazes*. Por outro lado, é possível verificar uma progressiva transferência de *decisões regulatórias nacionais de grande relevância* para um *nível transnacional*[680], o que dificulta não só *legitimidade material do próprio sistema*[681], mas também a *garantia da legitimidade e independência dos árbitros*, que surgem a dirimir litígios intrinsecamente relacionados com o *interesse público* de um *Host State*[682].

### 3.5. Conclusão da Terceira Parte

Como tivemos a oportunidade de analisar ao longo da terceira parte da presente exposição, o *CI* configura um tipo contratual onde confluem diversas perspectivas de análise. Esta característica determina a dificuldade

[674] Cf. ANTHEA ROBERTS: 2013, 7.

[675] Neste sentido, SINCLAIR: 2009b, 277.

[676] Cf. ALSCHNER: 2013, 2 e ss; SCHILL: 2011b, 881 e SINCLAIR: 2009b, 277.

[677] Cf. SCHILL: 2011c, 1100 e ss.

[678] Cf. DÁRIO MOURA VICENTE: 2006, 304 e LIMA PINHEIRO: 2005b, 396 e 397.

[679] Contra esta posição, *V.*, STEPHAN SCHILL: 2011b, 894 e *Idem*: 2008a, 4 e ss.

[680] Neste sentido, KINGSBURY / KRISCH / STEWART: 2005, 16 e ss.

[681] Cf. COLÓN-RÍOS / HEVIA: 2009, 1311 e ss e DÁRIO MOURA VICENTE: 2006, 304

[682] Cf. ALSCHNER: 2013, 20; HARTEN: 2010, 36; CHOUDHURY: 2008, 819 e DÁRIO MOURA VICENTE: 2006, 304.

de adoptar uma perspectiva que possa ser considerada isoladamente. Não obstante, podemos afirmar que a natureza jurídica do *CI* é susceptível de ser caracterizada em função de uma *influência privatista, publicista, internacionalista* e *transnacionalista.*

A perspectiva privatista do *CI* tem acolhimento no ordenamento jurídico português por parte de alguma doutrina. Não obstante estejamos perante um contrato cujas características apelam à necessidade de serem estabelecidas "zonas de conforto" para os intervenientes do *CI*, tal perspectiva depara-se com a necessidade de explicar diversas questões que colocam à prova o carácter estritamente privado do *CI*. Esta situação acontece, designadamente, através de disposições normativas como *cláusulas de estabilização*, o *recurso à arbitragem internacional* ou a mobilização de *regras de conflitos*, típicas no *direito internacional privado*, cujo objectivo é a equiparação de posições jurídicas entre as partes na relação contratual.

Na verdade, a existência bem como a natureza das *cláusulas de estabilização* denuncia a existência de uma relação pautada por um carácter desigual entre as partes, na medida em que as mesmas visam estabilizar domínios cuja natureza extravasa um carácter privado, designadamente, nos domínios ambientais, laborais ou fiscais, realidade que é confirmada nas *arbitragens internacionacionais.*

Também a *perspectiva publicista* do *CI*, por via da qualificação da sua natureza jurídica como *contrato administrativo*, teve, e continua a ter, acolhimento no ordenamento jurídico português. Tal posição é justificada tradicionalmente sob a qualificação de um *contrato administrativo*, realidade que apenas é conhecida no âmbito do direito administrativo. Esta posição é influenciada pelo actual CCP que determina a existência de uma amplitude da utilização da figura do *contrato administrativo* no ordenamento jurídico português. Todavia, uma perspectiva publicista que apele à determinação da natureza jurídica do *CI* como *contrato administrativo* também é objecto de reticências.

De facto, e não obstante em termos internacionais exista o apelo à existência de um *direito do investimento estrangeiro* fortemente influenciado por uma análise de questões publicistas, verificamos que a influência da *arbitragem internacional*, designadamente da arbitragem *ICSID*, condiciona a execução do *CI* através dos *poderes típicos de conformação da relação contratual* dos *contratos administrativos*. Todavia, dada a possibilidade de enquadrar o *CI* como um *contrato sobre o exercício de poderes públicos*, também se manifesta o problema da sua compatibilidade face a eventuais *alterações pela via legislativa* de regimes jurídicos pré-estabelecidos.

Já a perspectiva internacionalista da qualificação da natureza jurídica do *CI*, deriva da influência incutida, para além dos próprios sujeitos que compõem a relação contratual, da aposição de cláusulas que são vistas como um sintoma de internacionalização. Estas cláusulas são, designadamente, as *cláusulas de estabilização, cláusulas de escolha da lei* e *cláusulas compromissórias*.

Por outro lado, alude-se à importância dos *BIT's*, figuras tradicionais no âmbito do direito internacional, na construção de um *sistema do direito do investimento estrangeiro* que, por sua vez, manifesta a necessidade de um relacionamento, cada vez mais típico, com o *CI* principalmente quando se manifesta a presença de "*umbrella clauses*". No entanto, quando se questiona a mobilização do direito internacional, mormente o *direito internacional público*, à luz da *segunda parte do n.º 1 do art. 42.º da Convenção de Washington*, a perspectiva que apela à mobilização autónoma do direito internacional público não se afigura uma questão pacífica.

Já a perspectiva que equaciona a natureza jurídica do *CI* no domínio do *direito transnacional* salienta as especificidades de um contrato que manifesta a característica peculiar de um investidor estrangeiro demandar internacionalmente um Estado. Tal característica, a par dos próprios sujeitos envolvidos, desafia as relações típicas do direito internacional, demonstrando a necessidade de soluções expeditas que encontram entraves no ritualismo típico do direito internacional público.

Todavia, a adopção da perspectiva transnacional também não é uma solução pacífica. A existência de uma jurisprudência arbitral mobilizadora de precedentes como uma das principais formas de construção do sistema, demonstra a falta de legitimidade na determinação de soluções cujo impacto se repercute, principalmente, na adopção de políticas públicas nos *Host States*.

É em virtude de todas as influências *supra* referidas, mas que denotam a existência de uma particular influência publicista, que o *CI* surge como uma realidade complexa que caracteriza a determinação da sua natureza jurídica.

# BIBLIOGRAFIA

Adam Smith, 1999. *Inquérito Sobre a Natureza e as Causas da Riqueza das Nações*, Tradução e notas de Luís Cristóvão de Aguiar, Vol. II, 3.ª Edição, Fundação Calouste Gulbenkian, Lisboa.

Afonso Queiró, 1976. *Lições de Direito Administrativo*, Vol. I, Coimbra.

Aguiar, Sandra e Gulamhussen, Mohamed, 2009. *O Impacte do Risco Político no Investimento Directo Estrangeiro: o caso do Brasil como país de destino*, Edições Sílabo, Lisboa.

AICEP, 2013. Ficha do País, Março.

Alcabas, Anne-Marie, Bourcieu, Édouard e Valersteinas, Bruno, 2000. "Les nouvelles formes de l'IDE", *Problèmes Économiques*, n.º 2.660, Avril, pp. 19-23.

Alessandrini, Sergio, 2000. *The EU Foreign Direct Investments in Central and Eastern Europe*, Collana del Dipartimento di Scienze Giuridiche e della Facoltà di Giurisprudenza dell'Università di Modena e Reggio Emilia, Nuova Serie 49, Giuffrè Editore, Milano.

Alschner, Wolfgang, 2013. *Interpreting investment treaties as incomplete contracts: Lessons from contract theory*, Submitted for the 30th Annual Conference of the European Association of Law and Economics, Draft, 29, March, pp. 1-17. Disponível em http://ssrn.com/abstract=2241652.

Alves Correia, Fernando, 2011. "A indemnização pelo Sacrifício: contributo para o esclarecimento do seu sentido e alcance", *Revista de Legislação e de Jurisprudência*, n.º 3966, ano 140.º, Janeiro-Fevereiro, pp. 143-161.

Amaral, João Ferreira do, 2000. "Globalização e funções do Estado no domínio económico", *O Interesse Nacional e a Globalização*, Coord. Científica de Nuno Severiano Teixeira, José Cervaens Rodrigues, Isabel Ferreira Nunes, Instituto da Defesa Nacional, Edições Cosmos, Lisboa, pp. 159-166.

ANTHEA ROBERTS, 2013. "Clash of Paradigms: Actors and Analogies Shaping the Investment Treaty System", *American Journal of International Law*, Vol. 107, n.º 1, January, pp. 1-56. Disponível em http://ssrn.com/abstract=2033167.

ANTÓNIO ROMÃO, 2006. "A economia portuguesa 20 anos depois: Visão Global", *A Economia Portuguesa: 20 anos após a adesão*, Org. António Romão, Colecção Económicas, II Série, n.º 1, Almedina, Coimbra, pp. 11-132.

ANTUNES VARELA, João de Matos, 2008. *Das Obrigações em Geral*, Vol. I, 10.ª Edição, Revista e actualizada, 5.ª Reimpressão da edição de 2000, Almedina, Coimbra.

ARIÑO ORTIZ, Gaspar, 1999. *Principios de Derecho Público Económico, Modelo de Estado, Gestión Pública, Regulación Económica*, Fundación de Estudios de Regulación, COMARES editorial, Granada.

ARNAUD, André-Jean, 1999. *O Direito entre Modernidade e Globalização: Lições de Filosofia do Direito e do Estado*, Tradução de Patrice Charles Wuillaume, Renovar, Rio de Janeiro/São Paulo.

AROSO DE ALMEIDA, Mário, 2011. "Apontamentos sobre o Contrato Administrativo no Código dos Contratos Públicos", *Revista de Contratos Públicos*, n.º 2, pp. 5-34.

__ 2007. "Contratos administrativos e poderes de conformação do contraente público no novo Código dos Contratos Públicos", *Cadernos de Justiça Administrativa*, n.º 66, Novembro/Dezembro, pp. 3-16.

ATAÍDE, Augusto de, 1970. "Elementos para um curso de Direito Administrativo da Economia", *Cadernos de Ciência e Técnica Fiscal*, n.º 100.

AVELÃS NUNES, João Paulo, 2010. *O Estado Novo e o Volfrâmio (1933-1947): Actividade mineira, "Grande Depressão" e Segunda Guerra Mundial*, Imprensa da Universidade de Coimbra, Coimbra.

BACELAR GOUVEIA, Jorge, 1993. "Os Incentivos Fiscais Contratuais ao Investimento Estrangeiro no Direito Fiscal Português – Regime Jurídico e Implicações Constitucionais", *Colóquio A Internacionalização da Economia e a Fiscalidade*, Ministério das Finanças, Direcção-Geral das Contribuições e Impostos, XXX Aniversário, 1963-1993, 26, 27 e 28 de Abril, Centro de Estudos Fiscais, Lisboa, pp. 269--298.

BANCO DE PORTUGAL, 2012. Projecções para a economia portuguesa 2012-2013, Boletim Económico.

BANIFATEMI, Yas, 2010. "The Law Applicable in Investment Treaty Arbitration", *Arbitration Under International Investment Agreements: A Guide to the Key Issus*, Edited by Katia Yannaca-Small, Oxford University Press, Oxford, pp. 191-210.

BAPTISTA, Eduardo Correia, 2004. *Direito Internacional Público*, Vol. II, Sujeitos e Responsabilidade, Almedina, Coimbra.

BAPTISTA MACHADO, João, 2011. *Lições de Direito Internacional Privado*, 3.ª Edição Actualizada, 3.ª Reimpressão, Almedina, Coimbra.

BARBOSA DE MELO, António Moreira, 1984. "Introdução às formas de Concertação Social", *Separata do Vol. LIX (1983) do Boletim da Faculdade de Direito da Universidade de Coimbra*, Coimbra, pp. 1-65.

BARROCAS, Manuel Pereira, 2010. *Manual de Arbitragem*, Almedina, Coimbra.

BARROS, Vera, 2008. *Ciclo de Investimento Directo Estrangeiro em Portugal, Uma Análise Comparada com os casos da Espanha, Irlanda e Grécia*, Instituto Superior de Economia e Gestão, Lisboa.

BENDE-NABENDE, Anthony, 2002. *Globalisation, FDI, Regional Integration and Sustainable Development: Theory, evidence and policy*, Ashgate, Aldershot.

BINDER, Christina, 2009. "Changed Circumstances in Investment Law: Interfaces Between the Law of Treaties and the Law of the State Responsibility with a Special focus on the Argentine Crisis", *International Investment Law for the 21st Century: Essays in Honor of Christoph Schreuer*, Edited by Christina Binder, Ursula Kriebaum, August Reinisch and Stetham Wittich, Oxford University Press, New York, pp. 608-630.

BJORKLUND, Andrea, 2007. "Private Rights and Public International Law: Why Competition Among International Economic Law Tribunals Is Not Working", *Hastings Law Journal*, Vol. 59, UC Davis Legal Studies, Research Paper No. 124, pp. 101-163. Disponível em http://ssrn.com/abstract=1016880.

BOLADO, Roberto Bustillo, 2001. *Convenios y Contratos Administrativos: Transacción, Arbitraje y Terminación Convencional del Procedimiento*, Aranzadi Editorial, Pamplona.

BORGES, Ricardo Henriques da Palma, 2005. "Em torno do "Investimento Estrangeiro e Contratos Fiscais": Uma visão sobre a competitividade fiscal portuguesa", *15 anos da Reforma Fiscal de 1988/89, Jornadas de Homenagem ao Professor Doutor Pitta e Cunha*, Org. Associação Fiscal Portuguesa, Instituto de Direito Económico, Financeiro e Fiscal da Faculdade de Direito de Lisboa, Almedina, Coimbra, pp. 395-434.

BRANCO, Manuel Castelo, 1991. "O Problema da Legalidade das Limitações ao Investimento Estrangeiro", *Fisco*, Ano 3, n.º 30, Abril, pp. 3-10.

BRANDÃO DE BRITO, José Maria, 1989. *Industrialização Portuguesa no pós-guerra (1948--1965) – O condicionamento Industrial*, 1.ª Edição, Publicações Dom Quixote, Lisboa.

BREWER, Thomas and YONG, Stephen, 2000. *The Multilateral Investment System and Multinational Enterprises*, Oxford University Press, Oxford.

BRITTAN, Leon, 1998. *Globalisation vs. Sovereignty? – The European Response – The 1997 Rede Lecture and Related Speeches*, Cambridge University Press, Cambridge.

BROWNLIE, Ian, 2003. *Principles of Public International Law*, 6.ª Edition, Oxford University Press, Oxford.

CABRAL DE MONCADA, Luís, 2012a. *Direito Económico*, 6.ª Edição, Coimbra Editora, Coimbra.

__ 2012b. *Manual Elementar de Direito Público da Economia e da Regulação: Uma perspectiva Luso-brasileira*, Almedina, Coimbra.

__ 2007. "O Regime Jurídico do Investimento Estrangeiro em Portugal", *Nos 20 anos do Código das Sociedades Comerciais*, Homenagem aos Profs. Doutores A. Ferrer Correia, Orlando de Carvalho e Vasco Lobo Xavier, Vol. III, Coimbra Editora, Coimbra, pp. 89 –151.

__ 1985. *A Problemática Jurídica do Planeamento Económico*, Coimbra Editora, Coimbra.

Calliess, Gralf-Peter, 2010. "Law, Transnational", *Research Paper* No. 35/2010, Osgoode Hall Law School, Vol. 06, n.º 08, pp. 1-9.

__ 2002. "Reflexive Transnational Law, The Privatisation of Civil Law and the Civilisation of Private Law", *Zeitschrift fur Rechtssoziologie*, n.º 23, pp. 185-216.

Calvão da Silva, João Nuno, 2008. *Mercado e Estado. Serviços de Interesse Económico Geral*, Almedina, Coimbra.

Cardoso, José Luís, 2003. "Leitura e interpretação do Tratado de Methuen: balanço histórico e historiográfico", *O Tratado de Methuen (1703) Diplomacia, guerra, política e economia*, Org. José Luís Cardoso, Isabel Cluny, Fernando Dores Costa, Leonor Freire Costa, Conceição Andrade Martins, Nuno Gonçalo Monteiro e Jorge M. Pereira, Livros Horizonte, Lisboa, pp. 11-29.

Carla Amado Gomes, 2012. "A compensação administrativa pelo sacrifício: reflexões breves e notas de jurisprudência", *Revista do Ministério Público*, n.º 129, Janeiro-Março, pp. 9- 47.

__ 2008. "A Conformação da Relação Contratual no Código dos Contratos Públicos", *Estudos de Contratação Pública*, Vol. I, Org. Pedro Gonçalves, Coimbra Editora, Coimbra, pp. 519-567.

Casalta Nabais, José, 2012. "Investir e tributar: uma relação simbiótica?", *Revista de Legislação e de Jurisprudência*, Ano 141.º, n.º 3972, Janeiro-Fevereiro, pp. 161-177.

__ 2009. *Direito Fiscal*, 5.º Edição, Almedina, Coimbra.

__ 2005. *Por um Estado Fiscal Suportável, Estudos de Direito Fiscal*, Almedina, Coimbra.

__ 1994. *Contratos Fiscais. Reflexões acerca da sua admissibilidade*, Coimbra Editora, Coimbra.

Cassese, Sabino, 2010. *A Crise do Estado*, Tradução de Ilse Paschoal Moreira e Fernanda Landucci Ortale, Saberes Editora, Campinas.

__ 2005a. "Il Diritto Admministrativo Globale. Una Introduzione", *Rivista trimestrale di diritto publlico*, n.º 2, pp. 331-358.

__ 2005b. "L` Arena Pubblica – Nuovi Paradigmi per lo Stato", *Rivista trimestrale di diritto publlico*, n.º 3, pp. 601-650.

César das Neves, José, 1999. "Investimento Estrangeiro", *Dicionário de História de Portugal*, Coord. António Barreto e Maria Filomena Mónica, Vol. VIII, 1.ª Edição, Figueirinhas, Porto, pp. 299-301.

Chang, Ha-Joon, 2004. "Regulation of Foreign Investment in Historical Perspective", *The European Journal of Development Research*, Vol. 16, n.º 3, pp. 687-715.

CHOUDHURY, Barnali, 2008. "Recapturing Public Power: Is Investments Arbitration's Engagement of the Public Interest Contributing to the Democratic Deficit?", *Vanderbilt Journal of Transnational Law*, Vol. 41, pp. 775-832.

COLAÇO ANTUNES, Luís Filipe, 2008. *O Direito Administrativo sem Estado, Crise ou fim de um Paradigma?*, Coimbra Editora, Coimbra.

COLÓN-RÍOS, Joel and HEVIA, Martín, 2009. "Review Essay – What makes the International Investment Rules Regime Undemocratic?" *German Law Journal*, Vol. 10. n.º 8, pp.1309-1320.

COMISSÃO DE ESTUDO DA TRIBUTAÇÃO DAS INSTITUIÇÕES E PRODUTOS FINANCEIROS, 1999. "A Fiscalidade do Sector Financeiro Português em Contexto de Internacionalização", *Cadernos de Ciência e Técnica Fiscal*, n.º 181.

COMISSÃO EUROPEIA, 2010. Comunicado da Comissão Europeia sobre o rumo a uma política europeia global em matéria de investimento internacional.

COSTA NEVES, Arnaldo, 2001. "A Agência Multilateral de Garantia aos Investimentos (MIGA): A Propósito duma iniciativa de sucesso no âmbito do «Banco Mundial»", *Lusíada, Revista de Ciência e Cultura*, Série de Direito, n.os 1 e 2, pp. 11-26.

COTULA, Lorenzo, 2007. "Foreign investment Contracts", *Sustainable Markets Investment Briefings*, International Institute for Environment and Development, Briefing 4, pp. 1-6.

COUTINHO DE ABREU, Jorge Manuel, 2009. *Curso de Direito Comercial,* Vol. I, Introdução, actos de comércio, comerciantes, empresas, sinais distintivos, 7.ª Edição, Almedina, Coimbra.

__ 2003. "Sobre as Novas Empresas Públicas (Notas a Propósito do DL 558/99 e da L 58/98)", *Volume Comemorativo do 75.º Tomo do Boletim da Faculdade de Direito*, Coimbra, pp. 555-575.

CRAWFORD, James, 2007. *Treaty and Contract in Investment Arbitration*, The 22th Freshfields Lecture on International Arbitration, London, pp. 1-22. Disponível em http://moot.law.cam.ac.uk.

D'ALBERTI, Marco, 2006. "La régulation économique en mutation", *Revue du droit public*, n.º 1, pp. 231- 243.

DÁRIO MOURA VICENTE, 2011. "Arbitragem de Investimento: A Convenção ICSID e os Tratados Bilaterais", *Revista da Ordem dos Advogados*, Ano 71, Vol. III, Julho/Setembro, pp. 751-770.

__ 2007/2008. "Perspectivas de harmonização e unificação internacional do Direito Privado numa época de globalização da economia", *Direito e Cidadania*, Ano IX, n.º 27, Quadrimestral, pp. 169-191.

__ 2006. "Direito Aplicável aos Contratos Públicos Internacionais", *Estudos em Homenagem ao Professor Doutor Marcello Caetano No Centenário do seu Nascimento*, Vol. I, Faculdade de Direito da Universidade de Lisboa, Coimbra Editora, Coimbra, pp. 289-311.

__ 2003. "A formação dos contratos internacionais", *Cadernos de Direito Privado*, n.º 3, Julho/Setembro, pp. 3-16.

DAVID RICARDO, 2001. *Princípios de Economia Política e de Tributação*, Tradução por Maria Adelaide Ferreira, Fundação Calouste Gulbenkian, 4.ª Edição, Lisboa.

DIAS, Rui Pereira, 2010. "Comentário ao art. 4.º do CSC – Sociedades com actividade em Portugal", *Código das Sociedades Comerciais em Comentário*, Coord. J. M. Coutinho de Abreu, Vol. I, Almedina, Coimbra.

DOLZER, Rudolf, 2009. "Contemporary Law of Foreign Investment: Revisiting the Status of International Law", *International Investment Law for the 21st Century: Essays in Honor of Christoph Schreuer*, Edited by Christina Binder, Ursula Kriebaum, August Reinisch and Stetham Wittich, Oxford University Press, New York, pp. 818-829.

DOLZER, Rudolf and STEVENS, Margrete, 1995. *Bilateral Investment Treaties*, The International Centre for Settlement of Investment Disputes, Martinus Nijhoff Publishers, The Hague/Boston/ London.

DOMENICHELLI, Vittorio, 2004. "Regolazione e interpretazione nel cambiamento del diritto amministrativo: verso un novo feudalesimo giuridico?", *Diritto processuale amministrativo*, n.º 1, pp. 1-13.

DOWDLE, Michael, 2006. *Public Accountability, Designs, Dilemmas and Experiences*, Cambridge University Press, Cambridge.

DRABEK, Zdenek and PAYNE, Warren, 2001. *The Impact of Transparency on Foreign Direct Investment*, WTO, Economic Research and Analysis Division, Revised November, Washington DC, pp. 1-27.

DURÃO BARROSO, José Manuel, 2000. "O Interesse Nacional e a Globalização", *O Interesse Nacional e a Globalização*, Coord. Científica de Nuno Severiano Teixeira, José Cervaens Rodrigues, Isabel Ferreira Nunes, Instituto da Defesa Nacional, Edições Cosmos, Lisboa, pp. 129-141.

EASSON, Alex, 2004. *Taxation of Foreign Direct Investment: An Introduction*, Series on International Taxation, Kluwer Law International, The Hague/ London/ New York.

EDUARDO PAZ FERREIRA, 2004. *Valores e Interesses – Desenvolvimento Económico e Política Comunitária de Cooperação*, Almedina, Coimbra.

__ 2001. *Lições de Direito da Economia*, Associação Académica da Faculdade de Direito de Lisboa, Lisboa.

__ 1996. "A Constituição Económica de 1976 «Que Reste-t-il de nos Amours?»", *Perspectivas Constitucionais – Nos 20 anos da Constituição de 1976*, Separata do Vol. I, Coimbra Editora, Coimbra, pp. 383- 413.

__ 1989. "O Controlo das Subvenções Financeiras e dos Benefícios Fiscais", *Revista Trimestral do Tribunal de Contas*, n. º 1, Janeiro-Março, pp. 21-85.

EDUARDO PAZ FERREIRA e JOÃO ATANÁSIO, 2005. *Textos de Direito do Comércio Internacional e do Desenvolvimento Económico*, Vol. II, Almedina, Coimbra.

ENES FERREIRA, Graça, 1997. *A Teoria da Integração Económica Internacional e o Modelo de Integração do Espaço Económico Europeu*, Colecção Ratio Ivris, Legis Editora, Porto.

ERNÂNI LOPES, 2000. "Interesse Nacional e a Globalização Económica", *O Interesse Nacional e a Globalização*, Coord. Científica de Nuno Severiano Teixeira, José Cervaens Rodrigues, Isabel Ferreira Nunes, Instituto da Defesa Nacional, Edições Cosmos, Lisboa, pp. 45-55.

ESTEVES DE OLIVEIRA, Mário, 1984. *Direito Administrativo*, Vol. I, 2.ª Reimpressão, Almedina, Coimbra.

ESTEVES DE OLIVEIRA, Mário, PEDRO GONÇALVES, e PACHECO DE AMORIM, João, 1997. *Código do Procedimento Administrativo Comentado*, 2.ª Edição, Almedina, Coimbra.

ESTEVES DE OLIVEIRA, Rodrigo, 2008. "Os princípios gerais da contratação pública", *Estudos de Contratação Pública*, Vol. I, Org. Pedro Gonçalves, Coimbra Editora, Coimbra, pp. 51-113.

EUGÉNIA MATA e NUNO VALÉRIO, 1994. *História Económica de Portugal – Uma Perspectiva Global*, Editorial Presença, Lisboa.

EVANS, Kimberly, 2002. "Foreign Portfolio and Direct Investment. Complementarity, Differences and Integration", *Global Forum on International Investment*, Attracting Foreign Direct Investment for Development, OCDE, 5-6 December, Shanghai, pp. 1- 10.

FAUSTO DE QUADROS, 1998. *A Protecção da Propriedade Privada pelo Direito Internacional Público*, Almedina, Coimbra.

FERNANDES, F. Pinto e SANTOS, J. Cardoso, 1993. *Benefícios Fiscais: Estatuto dos Benefícios Fiscais, Outros Benefícios e Desagravamentos Fiscais Anotado e Comentado*, 2.ª Edição, Rei dos Livros, Lisboa.

FERREIRA DE ALMEIDA, Carlos, 2000. *Contratos. Conceito, Fontes e Formação*, Vol. I, Almedina, Coimbra.

__ 1979. *Direito Económico*, II Parte, Associação Académica da Faculdade de Direito de Lisboa, Lisboa.

FERRER CORREIA, António, 2007. *Lições de Direito Internacional Privado*, Vol. I, 4.ª Reimpressão da edição de Outubro/2000, Almedina, Coimbra.

FIGUEIREDO DIAS, José Eduardo e PAULA OLIVEIRA, Fernanda, 2011. *Noções Fundamentais de Direito Administrativo*, 2.ª Edição, Reimpressão, Almedina, Coimbra.

FIGUEIREDO MARCOS, Rui, 1997. *As Companhias Pombalinas, Contributo para a História das Sociedades por Acções em Portugal*, Almedina, Coimbra.

FILIPA URBANO CALVÃO, 2008. "Contratos Sobre o Exercício de Poderes Públicos", *Estudos de Contratação Pública*, Vol. I, Org. Pedro Gonçalves, Coimbra Editora, Coimbra, pp. 327-370.

FMI, 2009. *Balance of Payments and International Investment Position Manual*, 6.ª Edition, Washington D.C.

__ 2008. *Balance of Payments and International Investor Position Manual*, 6.ª Edition, Washington D. C.

__ 1993. *Balance of Payments, Manual*, 5.ª Edition, Washington D.C.

FONSECA, Rui Guerra da, 2008. *Comentário à Constituição Portuguesa*, Vol. II, "Organização Económica", Coord. Paulo Otero, Almedina, Coimbra.

FONTAGNÉ, L., 1999. "Foreign Direct Investment and International Trade: Complements or Substitutes?", *OECD Science, Technology and Industry Working Papers*, 1999/03, pp. 1-30. Disponível em http://dx.doi.org/10.1787/788565713012.

FREEMAN, Jody, 2000. "The Contracting State", *Florida State University Law Review*, Vol. 28, pp. 155-214.

FREITAS DO AMARAL, Diogo, 2012. *Curso de Direito Administrativo*, Vol. II, 2.º Edição, 2.º Reimpressão, Com a colaboração de Pedro Machete e Lino Torgal, Almedina, Coimbra.

__ 2008. *Curso de Direito Administrativo*, Vol. I, Com a colaboração de Luís Fábrica, Carla Amado Gomes e J. Pereira da Silva, 3.ª Edição, 2.ª Reimpressão da edição de Novembro de 2006, Almedina, Coimbra.

__ 2006. *História das Ideias Políticas*, Vol. I, 5.ª Reimpressão da edição de 1998, Almedina, Coimbra.

__ 1965. *A Utilização do Domínio Público pelos Particulares*, Lisboa.

EMMANUEL GAILLARD, 2009. "Identify or Define? Reflections on the Evolution of the concept of Investment in ICSID Practice", *Essays in Honour of Christoph Scheuer*, Edited by Christina Binder, Ursula Kriebaum, August Reinisch and Stetham Wittich, Oxford University Press, New York, pp. 403-416.

GAILLARD, Emmanuel, 2005. "Investment Treaty Arbitration and Jurisdiction Over Contractual Claims – The SGS Cases Considered", *International Investment Law and Arbitration: Leading cases from the ICSID, NAFTA, Bilateral Treaties and Customary Law*, Edited by Todd Weiler, Cameron May, London, pp. 325-346.

__ 2001. "Transnational Law: A Legal System or a Method of Decision Making?", *Arbitration International*, Vol. 17, n.º 1, pp. 59-71.

GAILLARD, Emmanuel and BANIFATEMI, Yas, 2003. "The Meaning of "and" in Article 42 (1), Second Sentence, of the Washington Convention: The Role of International Law in the ICSID Choice of Law Process", *ICSID Review*, n.º 18, pp. 375-411.

GALVÃO TELES, Eugénia, 2004. "Determinação do Direito Material aplicável aos contratos internacionais. A cláusula geral de conexão mais estreita". *Estudos de Direito Comercial Internacional*, Vol. I, Coord. de Luís de Lima Pinheiro, Almedina, Coimbra, pp. 63-141.

GALVÃO TELLES, Inocêncio, 2010. *Introdução ao Estudo do Direito*, Vol. I, 11.ª Edição, Reimpressão, Wolters Kluwer Portugal | Coimbra Editora, Coimbra.

GARCÍA ENTERRÍA, Eduardo e FERNÁNDEZ, Tomás-Ramón, 2002. *Curso de Derecho Administrativo* I, 11.ª Edición, Civitas Ediciones, Madrid.

GAVIN, Brigid, 2001. *The European Union and Globalisation: Towards Global Democratic Governance*, New Horizons in International Business, Edward Elgar, Cheltenham/Northampton.

GOMES CANOTILHO, José Joaquim, 2009. "O princípio democrático sobre a pressão dos novos esquemas regulatórios", *Revista de Direito Público e Regulação*, Centro de Estudos de Direito Público e Regulação, n.º 1, Maio, pp. 99-108.

__ 2008. "O Estado Garantidor. Claros – Escuros de um Conceito", *O Direito e o Futuro. O Futuro do Direito*, Coord. António José Avelãs Nunes e Jacinto Nelson de Miranda Coutinho, Almedina, Coimbra, pp. 571-576.

__ 2006. *"Brancosos" e Interconstitucionalidade – Itinerários dos discursos sobre a historicidade constitucional*, Almedina, Coimbra.

__ 2003. *Direito Constitucional e Teoria da Constituição*, 7.ª Edição, 4.ª Reimpressão, Almedina, Coimbra.

__ 2001a. *Constituição Dirigente e Vinculação do Legislador – Contributo para a compreensão das normas constitucionais programáticas*, 2.ª Edição, Coimbra Editora, Coimbra.

__ 2001b. "O Direito Constitucional Passa; O Direito Administrativo Passa Também", *Estudos em Homenagem ao Prof. Doutor Rogério Soares*, Boletim da Faculdade de Direito da Universidade de Coimbra, n.º 61, Coimbra Editora, pp. 705-722.

__ 1974. *O Problema da Responsabilidade do Estado por actos Lícitos*, Almedina, Coimbra.

GOMES CANOTILHO, José Joaquim e VITAL MOREIRA, 2007. *Constituição da República Portuguesa Anotada*, Vol. I, 4.ª Edição revista, Coimbra Editora, Coimbra.

__ 1991. *Fundamentos da Constituição*, Coimbra Editora, Coimbra.

GOMES DA COSTA, 1998. "Investimento Estrangeiro", *Colóquio A Globalização e a Economia Portuguesa*, Org. Conselho Económico e Social, Lisboa, pp. 4-12.

GÖRG, Holger and JABBOUR, Liza, 2009. "Multinational Enterprises and Foreign Direct Investment: Introduction", *The World Economy*, Vol. 32, n.º 1, pp. 1-5.

GRAÇA, João Filipe, 2012. "Agências de Notação de Risco", *Publicações CEDIPRE Online* – 14, http://www.cedipre.fd.uc.pt, Coimbra, pp. 1-28.

GRAHAM, Edward and KRUGMAN, Paul, 1991. *Foreign Direct Investment in the United States*, 2.ª Edition, Institute for International Economics, Washington D.C.

GUERRA-BORGES, Alfredo, 2001. "Factores determinantes de la inversión extranjera: introducción a una teoría inexistente", *Comercio Exterior*, Banco Nacional de Comercio Exterior, Vol. 51, n.º 9, México, pp. 825-832.

GUILHERME D'OLIVEIRA MARTINS, 2002. "Estabilidade Fiscal e Constituição Tributária», *Fisco*, Ano XIII, n. º 105/106, pp. 20-28.

HAHN, Hugo and GRAMLICH, Ludwing, 1989. "Foreign Commerce and Investment in Market Economy Countries", *International Encyclopedia of Comparative Law*, Vol. XVII, State and Economy, Martinus Nijhoff Publishers, Dorsdrecht/Boston/Lancaster, pp. 3-99.

HALABI, Sam Foster, 2011. "Efficient Contracting between Foreign Investors and Host States: Evidence from Stabilization Clauses", *Northwestern Journal of International Law & Business*, Vol. 31, n.º 261, pp. 261-313.

HARTEN, Gus Van, 2010. "Five Justifications for Investment Treaties: A Critical Discussion", *Trade, Law and Development*, Vol. II, n.º 1, pp. 19-58.

__ 2009. "The Public – Private Distinction in the International Arbitration of Individual Claims Against the State", pp. 1-31. Disponível em http://ssrn.com/abstract=1461125.

__ 2005. "Private authority and transnational governance: the contours of the international system of investor protection", *Review of International Political Economy*, Vol. 12, n.º 4, pp. 600-623.

HARTEN, Gus Van and LOUGHLIN, Martin, 2006. "Investment Treaty Arbitration as a Species of Global Administrative Law", *The European Journal of International Law*, Vol. 17, n.º 1, pp. 121-150.

HELENA BRITO, Maria, 2004. *Direito do Comércio Internacional*, Almedina, Coimbra.

HIRSCH, Moshe, 1992. *The Arbitration Mechanism of the International Center for the Settlement of Investment Disputes*, Martinus Nijhoff Publishers, Dordrecht/Boston/London.

HIRST, Paul and THOMPSON, Grahame, 2011. "The future of globalisation", *The Handbook of Globalisation*, Edited by Jonathan Michie, 2.ª Edition, Edward Elgar, Cheltenham /Northampton, pp. 19-38;

HOEKMAN, Bernard, MICHALOPOULOS, Constantine and WINTERS, Alan, 2003. *More Favorable and Differential Treatment of Developing Countries: Toward a New Approach in the WTO*, The World Bank, Development Research Group, pp. 1-30.

IETTO-GILLIES, Grazia, 2011. "The role of transnational corporations in the globalisation process", *The Handbook of Globalisation*, Edited by Jonathan Michie, 2.ª Edition, Edward Elgar, Cheltenham /Northampton, pp. 173-199.

JACKSON, John, 2003. "Sovereignty – Modern: A New Approach to an Outdated Concept", *The American Journal of International Law*, Vol. 97, pp. 782-802.

JAVIER SOLANA, 2001. "Política externa da UE", *Negócios Estrangeiros*, Publicação semestral do Ministério dos Negócios Estrangeiros, n.º 2, Setembro, pp. 24-33.

JENSEN, Nathan, 2008. *Nation-States and the Multinational Corporation: A political economy of foreign direct investment*, Princeton University Press, Princeton/Oxfordshire.

JÓNATAS MACHADO, 2010. *Direito da União Europeia*, 1.ª Edição, Wolters Kluwer/Coimbra Editora, Coimbra.

__ 2006. *Direito Internacional – Do Paradigma Clássico ao Pós-11 de Setembro*, 3.ª Edição, Coimbra Editora, Coimbra.

JÓNATAS MACHADO e COSTA, P. N. da., 2009. *Curso de Direito Tributário*, Coimbra Editora, Coimbra.

Jorge Miranda, 2012. *Curso de Direito Internacional Público,* 5.º Edição revista e actualizada, Principia, Parede.

__ 1987. "A Interpretação da Constituição Económica", *Separata do número especial do Boletim da Faculdade de Direito de Coimbra* – «Estudos em Homenagem ao Prof. Doutor Afonso Rodrigues Queiró» – (1986), Coimbra, pp. 1-13.

Jorge Miranda e Rui Medeiros, 2006. *Constituição Portuguesa Anotada,* Tomo II, Coimbra Editora, Coimbra.

Júdice, José Miguel, 2008. "Como Evitar a «Nacionalização» dos Contratos Internacionais?", *Estudos Comemorativos dos 10 anos da Faculdade de Direito da Universidade Nova de Lisboa,* Vol. II, Coord. Diogo Freitas do Amaral, Carlos Ferreira de Almeida e Marta Tavares de Almeida, Almedina, Coimbra, pp. 697-704.

Justino Cruz, 1966. "Algumas notas sobre a reforma do condicionamento industrial", Separata *O Direito,* Ano 98.º, n.º 3, pp. 1-33.

Kaushal, Asha, 2009. "Revisiting History: How the Past Matters for the Present Backlash Against the Foreign Investment Regime", *Harvard International Law Journal,* Vol. 50, n.º 2, pp. 491-534.

Kingsbury, Benedict, Krisch, Nico and Stewart, Richard, 2005. "The Emergence of Global Administrative Law", *Law and Contemporary Problems,* Vol. 68, pp. 15-61.

Kirkby, Mark Bobela-Mota, 2011. *Contratos Sobre o Exercício de Poderes Públicos, O Exercício contratualizado do Poder Administrativo de decisão unilateral,* 1.ª Edição, Coimbra Editora, Coimbra.

__ 2010. "Conceito e Critérios de qualificação do Contrato Administrativo: Um debate académico com e em Homenagem ao Senhor Professor Sérvulo Correia. Do artigo 178.º do CPA ao artigo 1.º, n.º 6, do CCP – Uma alteração do paradigma de qualificação?", *Estudos em Homenagem ao Prof. Doutor Sérvulo Correia,* Vol. II, Edição da Faculdade de Direito da Universidade de Lisboa, Coimbra Editora, Coimbra, pp. 759-809.

Laubadère, André de., 1985. *Direito Público Económico,* Tradução e notas de Maria Teresa Costa, revista por Evaristo Mendes, Almedina, Coimbra.

Lavranos, Nikos, 2010. "Bilateral Investment Treaties (BIT's) and EU Law", *ESIL Conference,* pp. 1-28. Disponível em http://ssrn.com/abstract=1683348.

Leal, Ana, 2007. "A Diplomacia Económica em Portugal no século XXI – que Papel no Investimento Directo Português no Exterior?", *Negócios Estrangeiros,* Publicação semestral do Ministério dos Negócios Estrangeiros, n. º 11.1, Julho, pp. 207--310.

Lima Pinheiro, Luís de, 2008. "A Arbitragem CIRDI e o Regime dos Contratos de Estado", *Revista Internacional de Arbitragem e Conciliação,* Ano I, pp. 76-105.

__ 2005a. *Direito Comercial Internacional. Contratos Comerciais Internacionais, Convenção de Viena Sobre a Venda Internacional de Mercadorias, Arbitragem Transnacional,* Almedina, Coimbra.

__ 2005b. *Arbitragem Transnacional, A Determinação do Estatuto da Arbitragem*, Almedina, Coimbra.

__ 2003. *Contrato de Empreendimento Comum (Joint Venture) em Direito Internacional Privado*, Almedina, Coimbra.

__ 1999. "O problema do Direito aplicável aos contratos internacionais celebrados pela Administração Pública", *Direito e Justiça*, Vol. XIII, Tomo 2, pp. 29-64.

LONG, Guoquiang, 2005. "China's Policies on FDI: Review and Evaluation", *Does Foreign Direct Investment Promote Development?*, Edited by MORAN T. H., GRAHAM, E. M., and BLOMSTROEM, M., Washington, pp. 315-336.

LONG, M., WEIL, P., BRAIBAND, G., DEVOLVÉ, P. e GENEVOIS, B., 1993. *Les grands arrêts de la jurisprudence administrative*, 10.ª Édition, Collection Droit Public, Dalloz, Paris.

LOPES PORTO, Manuel, 2009a. *Teoria da Integração e Políticas Comunitárias: Face aos Desafios da Globalização*, 4.ª Edição ampliada e actualizada, Almedina, Coimbra.

__ 2009b. *Economia: Um Texto Introdutório*, 3.ª Edição, Almedina, Coimbra.

LOWENFELD, Andreas, 2008. *International Economic Law*, 2.ª Edition, International Economic Law Series, Oxford University Press, Oxford.

LUCAS CARDOSO, José, 2002. *Autoridades Administrativas Independentes e Constituição. Contributo para o estudo da génese, caracterização e enquadramento constitucional da Administração Independente*, Coimbra Editora, Coimbra.

LUCAS PIRES, Francisco, 1997. *Introdução ao Direito Constitucional Europeu (Seu Sentido, Problemas e Limites)*, Almedina, Coimbra.

LUÍSA DUARTE, Maria, 2010. *Estudos Sobre o Tratado de Lisboa*, Almedina, Coimbra.

__ 2000. *Estudos de Direito da União Europeia e das Comunidades Europeias, Direito Comunitário Institucional, União Europeia e Constituição, Direito Comunitário Material*, Vol. I, Coimbra Editora, Coimbra.

MADIOT, Yves, 1971. *Aux Frontières du Contrat et de l'acte Administratif Unilatéral: Recherches sur la notion d'acte mixte en Droit Public Français*, Librairie Générale du Droit et de Jurisprudence, Paris.

MAH, Jai and TAMULAITIS, Donatas, 2000. "A Note on Investment Incentives in the WTO and the Transition Economies", *Post-Communist Economies*, Vol. 12, n.º 1, pp. 119-130.

MANIRUZZAMAN, A. F. M., 2001. "State Contracts in Contemporary International Law: Monist versus Dualist Controversies", *European Journal of International Law*, Vol. 12, n.º 2, pp. 309-328. Disponível em http://ssrn.com/abstract=1338001.

__ 1992. "State Contracts With Aliens: The Question of Unilateral Change by the State in Contemporary International Law", *Journal of International Arbitration*, Vol. 9, n.º 4, pp . 141-172.

__ 1990. "International Arbitrator and Mandatory Public Law Rules in the Context of State Contracts: An Overview", *Journal of International Arbitration*, Vol. 7, n.º 3, pp. 53-64.

Manuel Afonso Vaz, 1998. *Direito Económico, A Ordem Económica Portuguesa*, 4.ª Edição Revista e actualizada, Coimbra Editora, Coimbra.

Marcello Caetano, 1990. *Manual de Direito Administrativo*, Vol. II, 10.ª Edição, 4.ª Reimpressão revista e actualizada, Almedina, Coimbra.

__ 1980. *Manual de Direito Administrativo*, Vol. I, 10.ª Edição, Reimpressão, Almedina, Coimbra.

Marcelo Rebelo de Sousa, 1994. *O Concurso Público Na Formação do Contrato Administrativo*, Lex, Edições Jurídicas, Lisboa.

__ 1986. *A Constituição de 1976, o Orçamento e o Plano*, Estudos de Direito Público, n.º 12, Cognitio, Lisboa.

Marcelo Rebelo de Sousa, e André Salgado Matos, 2009. *Direito Administrativo Geral*, Tomo III, Contratos Públicos, 2.ª Edição, D. Quixote, Lisboa.

Maria da Glória F. P. D. Garcia, 2009. *Direito das Políticas Públicas*, Almedina, Coimbra.

Maria João Estorninho, 2012. *Curso de Direito dos Contratos Públicos*, Almedina, Coimbra.

__ 1999. *A Fuga para o Direito Privado. Contributo para o estudo da actividade de direito privado da Administração Pública*, Reimpressão, Almedina, Coimbra.

Marques dos Santos, António, 1991. *As Normas de Aplicação Imediata no Direito Internacional Privado, Esboço de Uma Teoria Geral*, Vol. I, Almedina, Coimbra.

Marques Guedes, António, 1991. "Os Contratos Administrativos", *Revista da Faculdade de Direito da Universidade de Lisboa*, Vol. XXXII, pp. 9-27.

Marta Vicente, 2012. *A Quebra da Legalidade Material na Actividade Normativa de Regulação Económica*, Coimbra Editora, Coimbra.

Martins, Conceição Andrade, 2003. "O Tratado de Methuen e o crescimento do comércio vinícola português na primeira metade de Setecentos", *O Tratado de Methuen (1703) Diplomacia, guerra, política e economia*, Org. José Luís Cardoso, Isabel Cluny, Fernando Dores Costa, Leonor Freire Costa, Conceição Andrade Martins, Nuno Gonçalo Monteiro e Jorge M. Pereira, Livros Horizonte, Lisboa, pp. 111-130.

Martins, Manuel António Gomes., 2002. *Auxílios de Estado no Direito Comunitário*, 1.ª Edição, Principia, Cascais.

Matos, Luís Salgado de., 1973. *Investimentos Estrangeiros em Portugal: Alguns aspectos*, 3.ª Edição, Seara Nova, Lisboa.

Maurizio Fioravanti, 1983. "Otto Mayer e la scienza del diritto amministrativo" Rivista Trimestrale di Diritto Pubblico, n.º 2, pp. 600-659.

Mayer, T. and Pfister, E., 2004. "Foreign Direct Investment and Intellectual Property Rights: Evidence from French Multinationals′ Location Decisions", *Economic Integration and Multinational Investment Behavior, European and East Asian Experiences*, Edited by Pierre-Bruno Ruffini, New Horizons In International Business, Edward Elgar, Cheltenham/ Northampton, pp. 17-40.

MENEZES CORDEIRO, António, 1986. *Direito da Economia*, Associação Académica da Faculdade de Direito de Lisboa, Lisboa.

MINISTÉRIO DA ECONOMIA E DO EMPREGO, 2006. *Investimento Direto Estrangeiro, Investimento do Exterior em Portugal e Investimento de Portugal no Exterior, Conceitos.* Gabinete de Estratégia e Estudos, Maio de 2006.

MINISTÉRIO DAS FINANÇAS, 1999. *Privatizações e Regulação. A Experiência Portuguesa*, Direcção-Geral de Estudos e Previsão, Lisboa.

MIRANDA, Agostinho Pereira de e REBELO, Marta, 2012. "A Resolução de Litígios no Tratado da Cartada Energia: Uma Primeira Abordagem", *Estudos em Homenagem a Miguel Galvão Teles*, Vol. I, Org. Jorge Miranda, J. J. Gomes Canotilho, José de Sousa e Brito, Miguel Nogueira de Brito, Margarida Rego e Pedro Múrias, Almedina, Coimbra, pp. 669-686.

MOLTKE, Konrad, 2002. *Discrimination and Non-Discrimination in Foreign Direct Investment, Mining Issues*, OECD Global Forum International Investment, Conference of Foreign Direct Investment and the Environment, 7-8 February, Paris. Disponível em http://www.oecd.org/env/1819921.pdf.

MORAN, Theodore, 2006. *Harnessing Foreign Direct Investment for Development: Polices for Developed and Developing Countries*, Center for Global Development, Washington.

MOREIRA, Tomás Araújo., 1997. "O Investimento Estrangeiro em Portugal e a Defesa Nacional", *Nação e Defesa*, Ano XXII, n.º 82, Abril-Junho, pp. 173-202.

MORTENSON, Julian Davis, 2010. "The Meaning of "Investment": ICSID's *Travaux* and the Domain of International Investment Law", *Harvard International Law Journal*, Vol. 51, n.º 1, pp. 257-318.

MOTA DE CAMPOS, João e MOTA DE CAMPOS, João Luiz, 2010. *Manual de Direito Europeu – O sistema institucional, a ordem jurídica e o ordenamento económico da União Europeia*, 6.ª Edição, Wolters Kluwer/Coimbra Editora, Coimbra.

MOTA, Pedro Infante, 2005. *O Sistema GATT/OMC: Introdução Histórica e Princípios Fundamentais*, Almedina, Coimbra.

MOTA PINTO, Carlos Alberto da, 2005. *Teoria Geral do Direito Civil*, 4.ª Edição por António Pinto Monteiro e Paulo Mota Pinto, Coimbra Editora, Coimbra.

__ 1982. "Direito Económico Português, Desenvolvimentos recentes", *Separata do Vol. LVII (1981) do Boletim da Faculdade de Direito da Universidade de Coimbra*, Gráfica de Coimbra, Coimbra, pp. 1-36.

__ 1981. *Direito Público da Economia*, Apontamentos das lições preferidas ao C. C. no âmbito da cadeira de Direito Público da Economia pelo Prof. Doutor Mota Pinto, coligidas pelos alunos José Manuel Pureza, Fernando Vitorino Queirós e Luís Bianchi de Aguiar, Faculdade de Direito, Universidade de Coimbra, Coimbra.

NOGUEIRA DE ALMEIDA, João, 2012. "Comentário ao art. 107.º do TFUE" *Tratado de Lisboa Anotado e Comentado*, Coord. Manuel Lopes Porto e Gonçalo Anastácio, Almedina, Coimbra, pp. 518-522.

__ 2002. "As Isenções Categoriais no Domínio das Ajudas de Estado", *Boletim de Ciências Económicas*, XLV-A, pp. 349-371.

NOGUEIRA DE BRITO, Miguel, 2009. "Direito de Polícia", *Tratado de Direito Administrativo Especial*, Vol. I, Coord. Paulo Otero e Pedro Gonçalves, Almedina, Coimbra, pp. 281-456.

NOGUEIRA LEITE, António e MACHADO, José António, 2005. "O Investimento Directo Estrangeiro e o crescimento económico de Portugal", *Desafios para Portugal*, Coord. José da Silva Lopes, Seminários da Presidência da República, Casa das Letras, Cruz Quebrada, pp. 23-51.

OCDE, 2008a. "Definition of Investor and Investment in International Investment Agreements", *International Investment Law: Understanding Concepts and Tracking Innovations*, pp. 1-100.

__ 2008b. *Benchmark Definition of Foreign Direct Investment*, 4.ª Edition.

__ 2008c. *Definición Marco de Inversión Extranjera Directa*, 4.ª Edición.

__ 2006. *International Investment Perspectives*.

__ 2004. "Indirect Expropriation" and the "Right to Regulate", *International Investment Law*, Working Papers on International Investment, n.º 4, pp 1-22.

__ 1967. "Medidas Fiscais Para o Fomento dos Investimentos Privados nos Países em Vias de Desenvolvimento", *Cadernos de Ciência e Técnica Fiscal*, n.º 50.

OLIVEIRA ASCENSÃO, José de, 2003. "Derivados", *Direito dos Valores Mobiliários*, Vol. IV, Coimbra Editora, pp. 41-68.

OLIVET, Cecilia, 2013. *A test for solidarity, The case of intra-EU Bilateral Investment Treaty*, Transnational Institute, pp. 1-15. Disponível em http://www.tni.org/sites/www.tni.org/files/download/briefing_on_intra-eu_bits_0.pdf.

ORGANISATION MONDIALE DU COMMERCE, 1997. "Commerce et investissement étranger direct: un panorama théorique et empirique de la relation", *Problèmes Économiques*, n.º 2.512, Mars, pp. 25-32.

ORTEGA, Ricardo Rivero, 2005. *Introducción al Derecho Administrativo Económico*, 3.ª Edición, Revisada, corregida y ampliada, Ratio Legis, Salamanca.

PAMPLONA CORTE-REAL, Carlos, 1993. "O Contrato de Investimento Estrangeiro e a Problemática decorrente da pretensa contratualização da concessão de Benefícios Fiscais", *Colóquio A Internacionalização da Economia e a Fiscalidade*, Ministério das Finanças, Direcção-Geral das Contribuições e Impostos, XXX Aniversário, 1963-1993, 26, 27 e 28 de Abril, Centro de Estudos Fiscais, Lisboa, pp. 237-267.

PARRA, A., 1993. "Principles Governing Foreign Investment, as Reflected in National Investment Codes", *Legal Treatment of Foreign Investment: "The World Bank Guidelines"*, Martinus Nijhoff Publishers, Dordrecht/Boston/London, pp. 311-335.

PAULO DA CÂMARA, 2009. *Manual de Direito dos Valores Mobiliários*, Almedina, Coimbra.

PAULO OTERO, 2007. *Legalidade e Administração Pública – O Sentido da Vinculação administrativa à Juridicidade*, Reimpressão da edição de Maio 2003, Almedina, Coimbra.

__ 2005. "Normas Administrativas de Conflitos: As Situações Jurídico-Administrativas Transnacionais", *Estudos em Memória do Professor Doutor António Marques dos Santos*, Coord. Prof. Doutor Jorge Miranda, Prof. Doutor Luís Lima Pinheiro e Prof. Doutor Dário Moura Vivente, Vol. II, Almedina, Coimbra, pp. 781-790.

__ 2001. "Coordenadas Jurídicas da Privatização da Administração Pública", *Os Caminhos da Privatização da Administração Pública*, IV Colóquio Luso-Espanhol de Direito Administrativo, STUDIA IURIDICA, n. º 60, Colloquia – 7, Coimbra Editora, Coimbra, pp. 31-57.

__ 1998. *Vinculação e Liberdade de Conformação Jurídica do Sector Empresarial do Estado*, Coimbra Editora, Coimbra.

PAYNE, D. and YU, F., 2011. *Foreign Direct Investment in the United States, Executive Summary*, U.S. Department of Commerce, Economic and Statistics Administration, Washington D.C. Disponível em http://www.esa.doc.gov/sites/default/files/reports/documents/fdiesaissuebriefno2061411final.pdf.

PEDRO CUNHA, Luís, 2008. *O Sistema Comercial Multilateral e os Espaços de Integração Regional*, Coimbra Editora, Coimbra.

PEDRO GONÇALVES, 2013. *Reflexões sobre o Estado Regulador e o Estado Contratante*, CEDIPRE, Direito Público e Regulação 8, Coimbra Editora, Coimbra.

__ 2010. "Regulação Administrativa e Contrato", *Estudos em Homenagem ao Prof. Doutor Sérvulo Correia*, Vol. II, Faculdade de Direito da Universidade de Lisboa, Coimbra Editora, Coimbra, pp. 987-1024.

__ 2008. "Cumprimento e Incumprimento do Contrato Administrativo", *Estudos de Contratação Pública*, Vol. I, Org. Pedro Gonçalves, Coimbra Editora, Coimbra, pp. 569-626.

__ 2007a. *Regime Jurídico das Empresas Municipais*, Almedina, Coimbra, 2007.

__ 2007b. "A relação jurídica fundada em contrato administrativo", *Cadernos de Justiça Administrativa*, n.º 64, Julho/Agosto, pp. 36-46.

__ 2006. "Direito Administrativo da Regulação", *Separata de Estudos em Homenagem ao Professor Doutor Marcello Caetano no Centenário do seu Nascimento*, Edição da Faculdade de Direito da Universidade de Lisboa, Coimbra Editora, Coimbra, pp. 535-573.

__ 2005. *Entidades Privadas com Poderes Públicos, O Exercício de Poderes Públicos de Autoridade por Entidades Privadas com funções administrativas*, Almedina, Coimbra.

__ 2004. *O Contrato Administrativo, Uma Instituição do Direito Administrativo do Nosso tempo*, 1.ª Edição, Reimpressão, Almedina, Coimbra.

PEREIRA, A. G, e FAUSTO DE QUADROS, 2009. *Manual de Direito Internacional Público*, 3.ª Edição revista e aumentada, 8.ª Reimpressão, Almedina, Coimbra.

PEREIRA DA SILVA, Vasco, 1998. *Em Busca do Acto Administrativo Perdido*, Reimpressão, Almedina, Coimbra.

PETER HÄBERLE 1993. "Derecho constitucional comun europeo", *Revista de Estudios Politicos*, n.º 79, Enero-Marzo, pp. 7-46.

PHILLIPE KAHN, 1968. "The Law Applicable to Foreign Investments: The Contribution of the World Bank Convention on the Settlement of Investment Disputes", *Indiana Law Journal*, Vol. 44, n.º 1, pp.1-32.

POIARES MADURO, Miguel, 2006. *A Constituição Plural: Constitucionalismo e União Europeia*, 1.ª Edição, Principia, São João do Estoril.

POTTS, Jonathan, 2011. "Stabilizing the Role of Umbrella Clauses in Bilateral Investment Treaties: Intent, Reliance, and Internationalization", *Virginia Journal of International Law*, Vol. 51, n.º 4, pp. 1005-1045.

QI, H., 2011. "The Definition of Investment and Its Development: For the Reference of the Future BIT between China and Canada", *Revue Juridique Thémis*, n.º 45, pp. 541-563.

QUELHAS, José Manuel G. Santos, 1996. "Sobre a evolução recente do sistema financeiro: novos produtos financeiros", *Boletim de Ciências Económicas*, Vol. XXXIX, pp. 171-210.

RAMON PARADA, 1997. *Derecho Administrativo*, Parte General, I, 9.ª Edición, Marcial Pons, Madrid.

RANGEL DE MESQUITA, Maria José, 2011. *A Actuação Externa da União Europeia depois do Tratado de Lisboa*, Almedina, Coimbra.

REGHIZZI, Zeno Grespi, 2009. "Diritto Internazionale e Diritto Interno Nelle Controversie Sottoposte ad Arbitrato ICSID", *Rivista di diritto internazionale privato e processuale*, Anno XLV, n.º 1, Gennaio-Marzo, pp. 5-44.

RICHARD FALK, 2001. *Globalização Predatória. Uma Crítica*, Tradução de Rogério Alves, Instituto Piaget, Lisboa.

RICHARDSON, Elliot, 1989. "United States Policy Toward Foreign Investment: We Can't Have It Both Way", *American University International Law Review*, Vol. 4, n.º 2, pp. 281-317.

RICHER, L., 2010. *Droit des Contrats Administratifs*, 7.ª Édition, L.G.D.L., Paris.

ROCHA, José Oliveira, 2001. *Gestão Pública e Modernização Administrativa*, Instituto Nacional de Administração, Oeiras.

ROGÉRIO SOARES, 2008. *Direito Público e Sociedade Técnica*, Prefácio de José Joaquim Gomes Canotilho, Tenacitas, Coimbra.

__ 1978. *Direito Administrativo* – Lições ao Curso Complementar de Ciências Jurídico-políticas da Faculdade de Direito de Coimbra no ano lectivo de 1977/1978, Coimbra.

__ 1955. *Interesse Público, Legalidade e Mérito*, Coimbra.

__ sem data. *Direito Administrativo*, Lições proferidas ao Curso de Direito no Porto da Faculdade de Ciências Humanas da Universidade Católica Portuguesa, policopiadas.

ROLLO, Maria Fernanda, 2007. *Portugal e a Reconstrução Económica do Pós-Guerra. O Plano Marshall e a economia portuguesa nos anos 50*, Colecção Biblioteca Diplomática do MNE – Série D, Ministério dos Negócios Estrangeiros, Lisboa.

ROSAS, Fernando e BRANDÃO DE BRITO, José Maria, 1996. "Condicionamento Industrial", *Dicionário de História do Estado Novo*, Direcção de Fernando Rosas e J. M. Brandão de Brito, Vol. I, Bertrand Editora, Venda Nova, pp. 183-186.

ROSENFELD, M., 2008. "Rethinking Constitutional Ordering in an Era of Legal and Ideological Pluralism", *International Journal of Constitutional Law*, Vol. 6, n.os 3-4, Cardozo Legal Studies Research Paper No. 242, pp. 1-38. Disponível em, http://ssrn.com/abstract=1260018.

ROZAS, José Carlos Fernández, GARCÍA, Rafael Arenas e ASENSIO, Pedro Alberto de Miguel, 2011. *Derecho de los Negocios Internacionales*, 3.ª Editión, Iustel, Madrid.

SÁ GOMES, Nuno, 1991. "Teoria Geral dos Benefícios Fiscais", *Cadernos de Ciência e Técnica Fiscal*, n.º 165.

SACHS, Jeffrey and WARNER, Andrew, 2001. "The curse of natural resources", *European Economic Review*, n.º 45, pp. 827-838.

SALACUSE, Jeswald, 2010. "The Emerging Global Regime for Investment", *Harvard International Law Journal*, Vol. 51, n.º 2, pp. 428-473.

SALACUSE, Jeswald and SULLIVAN, Nicholas, 2009. "Do BIT's Really Work?: An Evaluation of Bilateral Investment Treaties and Their Grand Gargain", *The Effect of Treaties on Foreign Direct Investment: Bilateral Investment Treaties; Double Taxation Treaties and Investment Flows*, Edited by Karl P. Souvant and Lisa E. Sachs. Oxford University Press, New York, pp. 109-170.

SALDANHA SANCHES, J. L., 2010. *Justiça Fiscal*, FFMS, Lisboa.

__ 2007. *Manual de Direito Fiscal*, 3.ª Edição, Coimbra Editora, Coimbra.

SAMPAIO, Jorge, 2000. "Interesse Nacional e Globalização", *O Interesse Nacional e a Globalização*, Coord. Científica de Nuno Severiano Teixeira, José Cervaens Rodrigues, Isabel Ferreira Nunes, Instituto da Defesa Nacional, Edições Cosmos, Lisboa, pp. 17-24.

SAMUELSON, Paul and NORDHAUS, William, 2005. *Economia*, Tradução e Revisão Técnica por Elsa Nobre Fontaínha e Jorge Pires Gomes, 18.º Edição, McGraw-Hill, Lisboa.

SANTOS, António Carlos dos, 2003. *Auxílios de Estado e Fiscalidade*, Almedina, Coimbra.

SANTOS, António Carlos dos, GONÇALVES, Maria Eduarda e MARQUES, Maria Manuel Leitão, 2011. *Direito Económico*, 6.ª Edição revista e actualizada, Almedina, Coimbra.

SANTOS, Rui Martins dos, 1985. "Investimento Estrangeiro", *Polis*, Enciclopédia VERBO da Sociedade e do Estado, Vol. 3, pp. 739-742.

SCHILL, Stephan W., 2011a. *International Investment Law and Comparative Public Law: Ways out of the Legitimacy Crisis?*, Draft paper presented at the Investment Law Forum at New York University, 11 April, Institute for International Law and Justice, pp. 1-36. Disponível em http://www.iilj.org/research/documents/if2010-11.schill.pdf.

__ 2011b. "W(h)ither Fragmentation? On the literature and Sociology of International Investment Law", *European Journal of International Law*, Vol. 22, pp. 875-908.

__ 2011c. "System-Building in Investment Treaty Arbitration and Lawmaking", *German Law Journal*, Vol. 12, n.º 5, pp. 1083-1110.

__ 2009. *The Multilateralization of International Investment Law*, 1.ª Edition, Cambridge University Press, Cambridge.

__ 2008a. *The Multilateralization of International Investment Law: The Emergence of a Multilateral Sytem of Investment Protection on the Basis of Bilateral Treaties*, Society of International Economic Law (SIEL), Inaugural Conference Paper, SIEL Online Proceedings Working Paper No. 18/08, pp. 1-26. Disponível em http://ssrn.com/abstract=1151817.

__ 2008b. "Enabling Private Ordering – Function, Scope and Effect of Umbrella Clauses in International Investment Treaties", *Working Paper 2008/9*, Institute for International Law and Justice, New York University School of Law, New York, pp. 1-76.

Schmidt-Assmann, Eberhard, 2006. "La ciencia del Derecho Administrativo ante el reto de la internacionalización de las relaciones administrativa", *Revista de Administración Pública*, n.º 171, Septiembre/Diciembre, pp. 7-34.

Schreuer, Christoph, 2004. "Travelling the BIT Route: Of Waiting Periods, Umbrella Clauses and Forks in the Road", *The Journal of World Investment & Trade*, Vol. 5, n.º 2, pp. 231-256.

__ 2002. "Failure to Apply the Governing Law in International Investment Arbitration", *Austrian Review of International and European Law*, n.º 7, pp. 147-196.

__ 2001. *The ICSID Convention: A Commentary*, Cambridge University Press, Cambridge.

Schwarcz, S. L., 2002. "Private Ordering of Public Markets: The Rating Agency Paradox", *University of Illinois Law Review*, n.º 1, pp. 1-28. Disponível em, http://papers.ssrn.com/paper.taf?abstract_id=267273.

Seid, Sherif, 2002. *Global regulation of foreign direct investment*, Ashgate, Aldershot.

Serra, Manuel Fernando dos Santos, 2005. "Intervenção do Presidente do Supremo Tribunal Administrativo Conselheiro Manuel Fernando dos Santos Serra", *15 anos da Reforma Fiscal de 1988/89, Jornadas de Homenagem ao Professor Doutor Pitta e Cunha*, Org. Associação Fiscal Portuguesa, Instituto de Direito Económico, Financeiro e Fiscal da Faculdade de Direito de Lisboa, Almedina, Coimbra, pp. 361-364.

Sérvulo Correia, José Manuel, 2012. "Arbitragem internacional com Estados na nova lei da arbitragem voluntária", *Revista Internacional de Arbitragem e Conciliação*, n.º 5, pp. 99-119.

__ 2010. "A Resolução dos Litígios sobre Investimento Estrangeiro em Direito Arbitral Comparado", *Separata de Estudos em Homenagem ao Prof. Doutor Martim de Albuquerque*, Edição da Faculdade de Direito da Universidade de Lisboa, Coimbra Editora, Coimbra, pp. 821-841.

__ 1987. *Legalidade e Autonomia Contratual nos Contratos Administrativos*, Almedina, Coimbra.

__ 1986. "Os Contratos Económicos perante a Constituição", *Nos dez anos da Constituição*, Org. Jorge Miranda, Imprensa Nacional – Casa da Moeda, Lisboa, pp. 95-111.

Shemberg, A., 2008. *Stabilization Clauses and Human Rights. A research project conducted for IFC and United Nations Special Representative of the Secretary-General on Business and Human Rights*, pp. 1-42. Disponível em http://www.ifc.org.

Shihata, Ibrahim, 1993. *Legal Treatment of Foreign Investment: "The World Bank Guidelines"*, Martinus Nijhoff Publishers, Dordrecht/Boston/London.

Simma, B., 1995. "The Contribution of Alfred Verdross to the Theory of International Law", *European Journal of International Law*, Vol. 6, n.º 1, pp. 33-54.

Simões, Vítor Corado, 1985. "Investimento Estrangeiro em Portugal: Panorama Genérico", *Economia*, Vol. IX, n.º 2, Maio, pp. 329-379.

Sinclair, Anthony, 2009a. "Bridging the Contract/Treaty Divide", *International Investment Law for the 21st Century: Essays in Honor of Christoph Schreuer*, Edited by Christina Binder, Ursula Kriebaum, August Reinisch and Stetham Wittich, Oxford University Press, New York, pp. 92-104.

__ 2009b. "The Umbrella Clause Debate", *Investment Treaty Law: Current Issues III. Remedies in international investment law. Emerging jurisprudence of international investment law*, Edited by Andrea K. Bjorklund, Ian A. Laird and Sergey Ripinsky, British Institute of International and Comparative Law, London, pp. 275- 312.

__ 2004. "The origins of the umbrella clause in the international law of investment protection", *Arbitration International*, Vol. 20, n.º 4, pp. 411-434.

Smeets, Maarten 2000. "Globalisation of International Trade and Investment", *Globalisation and the Nation-State*, Edited by Frans Buelens, Edward Elgar, Cheltenham/Northampton, pp. 7-35.

Sornarajah, M., 2010. *The International Law on Foreign Investment*, 3.ª Edition, Cambridge University Press, Cambridge.

Sousa Franco, A. L., 1988. *Noções de Direito da Economia*, Vol. I, Associação Académica da Faculdade de Direito de Lisboa, Lisboa.

Sousa Franco, A. L. e Guilherme d'Oliveira Martins, 1993. *A Constituição Económica Portuguesa – Ensaio Interpretativo*, Almedina, Coimbra.

Sousa Ribeiro, Joaquim, 1978. "Os contratos-programa e outras técnicas consensuais de execução do plano em França", *Revista de Direito e Economia*, Ano IV, n.º 1, Janeiro/Junho, pp. 165-212.

Stewart, R., 2005. "Il Diritto Amministrativo Globale", *Rivista trimestrale di diritto pubblico*, n.º 3, pp. 633-640.

Stiglitz, Joseph, 2008. "Capital Market Liberalization, Globalization, and the IMF", *Capital Market Liberalization and Development*, Edited by José Antonio Ocampo and Joseph E. Stiglitz, Oxford University Press, Oxford, pp. 76-100.

STOBER, Rolf, 2008. *Direito Administrativo Económico Geral, Fundamentos e Princípios, Direito Constitucional Económico*, Tradução de António Francisco de Sousa, Universidade Lusíada Editora, Lisboa.

STORK, Florian, 2010. "A Practical Approach to the New German Foreign Investment Regime – Lessons to be Learned from Merger Control", *German Law Journal*, Vol. 11, n.º 2, pp. 260-274.

TÂNIA CUNHA, 2006. *O Investimento Directo Estrangeiro e a Fiscalidade*, Instituto de Direito das Empresas e do Trabalho, Cadernos, n. º 4, Almedina, Coimbra.

TAVARES DA SILVA, Suzana, 2013. "Razão de Estado e princípio da razoabilidade", *Trajectórias de Sustentabilidade. Tributação e Investimento*, Coord. Suzana Tavares da Silva e Maria de Fátima Ribeiro, Instituto Jurídico, Faculdade de Direito da Universidade de Coimbra, Coimbra, pp. 115-151.

__ 2012. *Direito da Energia*, Almedina, Coimbra.

__ 2010a. *Direito Administrativo Europeu*, Imprensa da Universidade de Coimbra, Coimbra.

__ 2010b. *Um Novo Direito Administrativo?*, Imprensa da Universidade de Coimbra, Coimbra.

__ 2008a. *O sector eléctrico perante o Estado incentivador, orientador e garantidor*, Dissertação de doutoramento na Faculdade de Direito de Coimbra, inédita.

__ 2008b. "A Nova Dogmática do Direito Administrativo: O Caso da Administração por Compromissos", *Estudos de Contratação Pública*, Vol. I, Org. Pedro Gonçalves, Coimbra Editora, Coimbra, pp. 893-942.

TEIXEIRA, Nuno Severiano, 2000, "Interesse Nacional e Globalização: o caso português entre a teoria e a história", *O Interesse Nacional e a Globalização*, Coord. Científica de Nuno Severiano Teixeira, José Cervaens Rodrigues, Isabel Ferreira Nunes, Instituto da Defesa Nacional, Edições Cosmos, Lisboa, pp. 115-128.

TIAGO DUARTE, 2012a. "Arbitragem ICSID e Desenvolvimento Económico dos Estados", *Estudos em Homenagem ao Prof. Doutor José Joaquim Gomes Canotilho*, Org. Fernando Alves Correia, Jónatas Machado e João Loureiro, Vol. I, STVDIA IVRIDICA, Coimbra Editora, Coimbra, pp. 269-295.

__ 2012b. "A arbitragem ICSID continua a surpreender: Os casos SGS v. Paquistão, SGS v. Filipinas e SGS v. Paraguai – três faces da mesma moeda?", *Estudos em Homenagem a Miguel Galvão Teles*, Org. Jorge Miranda, J. J. Gomes Canotilho, José de Sousa e Brito, Miguel Nogueira de Brito, Margarida Rego e Pedro Múrias, Vol. II, Almedina, Coimbra, pp. 127-148.

__ 2011. "*Treaty Claims, Contract Claims* e *Umbrella Clauses* na Arbitragem Internacional de Protecção de Investimentos", *Estudos em Homenagem ao Professor Doutor Carlos Ferreira de Almeida*, Org. José Lebre de Freitas, Rui Pinto Duarte, Assunção Cristas, Vítor Pereira das Neves e Marta Tavares de Almeida, Vol. I, Almedina, pp. 259--299.

__ 2008. "O Reconhecimento e a Execução de sentenças ICSID/CIRDI: Portugal à espera da primeira vez", *Estudos Comemorativos dos 10 anos da Faculdade de Direito da Universidade Nova de Lisboa*, Coord. de Diogo Freitas do Amaral; Carlos Ferreira de Almeida e Marta Tavares de Almeida, Vol. II Almedina, pp. 767--802.

TIENHAARA, Kyla, 2009. "Foreign Investment Contracts: Unexplored Mechanisms of Environmental Governance", *Climate & Environmental Governance Network*, Working Paper No. 03, Regulatory Institutions Network, Australian National University, pp. 1-30.

TIETJE, C., and NOWROT, K., 2006. "Laying Conceptual Ghosts of the Past to Rest: The Rise of Philip C. Jessup's "Transnational Law" in the Regulatory Governance of the International Economic System", *Philip C. Jessup's Transnational Law Revisited On the Occasion of the 50th Anniversary of its Publication*, Institute for Economic Law, pp. 17-44.

TOLLIDAY, Steven, 2006. "The History of Foreign Investment in the United States, 1914-45", *Business History Review*, Vol. 80, n.º 1, April, pp. 1-6. Disponível em http://vlex.com/vid/history-foreign-investment-states-45-61536324.

TORRES, Maria Leonor, 1991. "O Estabelecimento de Estrangeiros em Portugal (Alguns Comentários) ", *FISCO*, ano 3, n.º 31, Maio, pp. 16- 20.

UNCTAD, 2012. *World Investment Report – Towards a New Generations of Investment Policies*, New York and Geneva.

__ 2006. *International Investment Arrangements: Trends and Emerging Issues*, New York and Geneva.

__ 2004a. *Incentives, Series on Issues in International Investment Agreements*, New York and Geneva.

__ 2004b. *Contratos de Estado*, New York and Geneva.

__ 2002. *World Investment Report 2002. Transnational Corporation and Export Competitiveness*, New York and Geneva.

UNITED NATIONS, 1966. *Progressive Development of the Law of International Trade: Report of the Secretary-General of the United Nations*. Disponível em, http://www.jus.uio.no/lm/un.sg.report.itl.development.1966/doc.html#13.

VANDEVELDE, K., 2009. "A Brief History of International Investment Agreements", *The Effect of Treaties on Foreign Direct Investment: Bilateral Investment Treaties; Double Taxation Treaties and Investment Flows*, Edited by Karl P. Souvant and Lisa E. Sachs, Oxford University Press, New York pp. 3-35.

VASCONCELOS, Álvaro de., 2002. "A União Europeia e a regionalização do sistema internacional", *Negócios Estrangeiros*, Publicação semestral do Ministério dos Negócios Estrangeiros, n.º 3, Fevereiro, pp. 141-163.

VICUÑA, Francisco Orrego, 2004. "Of Contracts and Treaties In the Global Market", *Max Planck Yearbook of United Nations Law*, Vol. 8, n.º 1, pp. 341-357.

Vieira de Andrade, José Carlos, 2012. *Os Direitos Fundamentais na Constituição Portuguesa de 1976*, 5.ª Edição, Almedina, Coimbra.

__ 2011a. *Lições de Direito Administrativo*, 2.ª Edição, Imprensa da Universidade de Coimbra, Coimbra.

__ 2011b. "A responsabilidade indemnizatória dos poderes públicos em 3D: Estado de direito, Estado fiscal, Estado social», *Revista de Legislação e de Jurisprudência*, n.º 3969, ano 140.º, Julho-Agosto, pp. 345-363.

__ 2010. "A propósito do regime do contrato administrativo no "Código dos Contratos Públicos", *Estudos de Contratação Pública*, Vol. II, Org. Pedro Gonçalves, Coimbra Editora, Coimbra, pp. 7-39.

__ 1993. "Interesse Público", *Dicionário Jurídico da Administração Pública*, Vol. V, Lisboa, pp. 275-282.

Vieira de Andrade, José Carlos e Figueiredo Marcos, Rui de., 2013. *Direito do Petróleo*,Instituto Jurídico, Faculdade de Direito da Universidade de Coimbra, Coimbra.

Vita, Glauco De and Lawler, Kevin, 2004. "Foreign Direct Investment and its Determinants: A Look to the past, A View to the Future", *Foreign Investment in Developing Countries*, Edited by H. S. Kehal, University of Western Sydney, Australia, pp. 13-32.

Vital Moreira, 2012a. "Comentário ao art. 207.º do TFUE", *Tratado de Lisboa Anotado e Comentado*, Coord. Manuel Lopes Porto e Gonçalo Anastácio, Almedina, Coimbra, pp. 810-814.

__ 2012b. "União mais Estreita": A Política de Comércio Externo da UE depois do Tratado de Lisboa", *Estudos de Homenagem ao Prof. Doutor Jorge Miranda*, Coord. Prof. Doutor Marcelo Rebelo de Sousa, Prof. Doutor Fausto de Quadros, Prof. Doutor Paulo Otero e Prof. Doutor Eduardo Vera-Cruz Pinto, Vol. V, Edição da Faculdade de Direito da Universidade de Lisboa, Coimbra Editora, Coimbra, pp. 575--604.

__ 2006. "A Metamorfose da "Constituição Económica", *Themis*, Edição Especial, pp. 33-47.

__ 1998. "Constituição e Direito Administrativo (A «Constituição Administrativa» Portuguesa)", in *Ab Vno Ad Omnes, 75 Anos da Coimbra Editora*, Org. Antunes Varela, Diogo Freitas do Amaral, Jorge Miranda e J. J. Gomes Canotilho, Coimbra Editora, Coimbra, pp. 1141-1166.

__ 1996. *Auto-regulação profissional e administração autónoma: A organização institucional do vinho do Porto*, Vol. I, Coimbra.

__ 1970. *Economia e Constituição: Para o conceito de Constituição Económica*, 2.ª Edição, Coimbra Editora, Coimbra.

Wei Dan, 2010. "Acordos Bilaterais de Promoção e Protecção de Investimentos. Práticas do Brasil e da China", *Nação e Defesa*, n.º 125, 4.ª Série, pp. 157-191.

__ 2006. *Globalização e Interesses Nacionais: A Perspectiva da China*, Colecção Teses, Almedina, Coimbra.

Weil, Prosper., 2000. *Écrits de Droit International*, Presses Universitaires de France, Paris.

Wilkins, Mira, 1989. *The history of foreign investment in United States to 1914*, Harvard University Press, Cambridge.

Wladimir Brito, 2008. *Direito Internacional Público*, Coimbra Editora, Coimbra.

Wong, Jarrod, 2006. "Umbrella Clauses in Bilateral Investment Treaties: Of Breaches of Contracts, Treaty Violations, and the Divide between Developing and Developed Countries in Foreign Investment Disputes", *George Mason Law Review*, Vol. 14, n.º 1, pp. 137-179. Disponível em http://ssrn.com/abstract=1260897.

Wto, 1996. "Trade and foreign direct investment", New Report – *Press Release*, Press/57, 9 October. Disponível em http://www.wto.org/english/news_e/pres96_e/pr057_e.htm.

Zippelius, Reinhold, 1997. *Teoria Geral do Estado*, Tradução de Karin Praefke-Aires Coutinho, Coord. de J. J. Gomes Canotilho, 3.ª Edição, Fundação Calouste Gulbenkian, Lisboa.

Zivkovic, Velimir., 2012a. "Contracts, Treaties and Umbrella Clauses: Some Jurisdictional Issues in International Investment Arbitration", Annals of the Faculty of Law in Belgrade, *Belgrade Law Review*, n.º 4, pp. 1-19. Disponível em, http://ssrn.com/abstract=2119861.

__ 2012b. "Recognition of Contracts as Investments in International Investment Arbitration", pp. 144-159. Disponível em http://www.ejls.eu/10/130UK.pdf.

Tomás-Ramón Fernández, 2001. "La Administración del Estado a lo largo del siglo XX" Revista española de Derecho Administrativo, N.º 109, pp. 5-14.

Iñigo del Guayo Castiella, 2006. "La regulación económica como alternativa" Revista española de Derecho Administrativo, N.º 130, pp. 227-254.

Sabino Cassese, 2002. "El espacio jurídico global", Revista da Administración Pública, N.º 157, pp. 11-26.

# ÍNDICE